JLPT N4

五十嵐香子 Kyoko Igarashi
金澤美香子 Mikako Kanazawa
杉山舞 Mai Sugiyama

全科目攻略！

日本語能力試験ベスト総合問題集

Succeed in all sections!

The Best Complete Workbook
for the Japanese-Language Proficiency Test

the japan times
PUBLISHING

全科目攻略！JLPT 日本語能力試験ベスト総合問題集 N4
Succeed in all sections! The Best Complete Workbook for the Japanese-Language Proficiency Test N4
2022年9月5日　初版発行
2026年2月5日　第6刷発行

著　者：五十嵐香子・金澤美香子・杉山舞
発行者：伊藤秀樹
発行所：株式会社 ジャパンタイムズ出版
　　　　〒102-0082 東京都千代田区一番町2-2
　　　　　　一番町第二TGビル 2F
ISBN978-4-7890-1816-6

First edition: September 2022
6th printing: February 2026

Narrators: Erika Umeda, Mai Kanade, Shogo Nakamura and Shinnosuke Iwamoto
Recordings: The English Language Education Council
English translations: EXIM International, Inc.
Vietnamese translations: Nguyen Phuc Minh Tuyen
Chinese translations: Sun Zhengzheng
Russian translations: Sabina Zabirova
Illustrations: Eriko Ishibashi
Layout design and typesetting: DEP, Inc.
Typesetting: Soju Co., Ltd.
Cover design: Shohei Oguchi + Ryo Misawa + Tsukasa Goto (tobufune)
Printing: Nikkei Printing Inc.

Published by The Japan Times Publishing, Ltd.
2F Ichibancho Daini TG Bldg., 2-2 Ichibancho, Chiyoda-ku, Tokyo 102-0082, Japan
Website: https://jtpublishing.co.jp

ISBN978-4-7890-1816-6

Printed in Japan

はじめに

●

Preface

　本書『全科目攻略！JLPT日本語能力試験ベスト総合問題集N4』は、日本語能力試験N4の合格を目指す日本語学習者のためのドリル問題集です。全科目をバランスよく、計画的にしっかり学べる内容になっています。また、科目ごとにまとめてありますので、苦手な科目を集中的に練習することもできます。

　各問題の形式は過去のJLPTに実際に出題されたものを参考にしました。語彙や文型は一般的なN4レベルに準じていますが、比較的解きやすい問題から難易度の高い問題までをそろえることで、N5に合格したばかりの学習者から、N4の勉強を一通り終え、試験直前の腕試しをしたいという学習者まで幅広く対応できるようにしてあります。著者一同、日本語学校での教授経験や試験の作問経験をもとに、推敲を重ねて練り上げた問題です。また、初めてJLPTを受ける学習者にとってもわかりやすいように、各科目の初めに例題とともに、問題を解く際のポイントなどをまとめました。これらはJLPT対策の授業を担当される先生方にも、役に立つ内容です。

　本書がN4合格を目指す方やN4レベルの日本語を教える先生方の手助けとなる一冊になれば幸いです。

　また、本書を出版するにあたり、的確なアドバイスをくださったジャパンタイムズ出版日本語出版編集部の皆さんに心から感謝いたします。このほか、本書の作成のためにご協力くださいましたお一人お一人に厚くお礼申し上げます。

2022年8月　　五十嵐　香子

金澤　美香子

杉山　舞

もくじ | CONTENTS

言語知識（文字・語彙・文法）編
Language Knowledge (Vocabulary/Grammar)

読解編
Reading

本書の特長と使い方

　本書は、①本冊、②別冊、③音声、④解説の４つで構成されています。

① 本冊

問題

　日本語能力試験N4と同じ形式の問題が以下の構成で収録されています。各週、５日分の問題があり、９週間で完成する構成になっています。第１週１日目から順番に進めてもいいですし、苦手な科目だけを選んで解いてもいいでしょう。また、第１週から第９週までの１日分の問題をまとめて解けば、１回分の模擬試験のように使用することもできます。

　それぞれの科目ごとに目標解答時間を設定してありますので、見直しも含め、この時間内に解き終わるようにしましょう。（聴解は目標解答時間はありません。）

例題と解き方

　言語知識編、読解編、聴解編の初めに、問題の解き方を例題付きで解説しています。問題を解き始める前に、ここで解き方のポイントを確認しておきましょう。

言葉を覚えよう

　N4レベルに必要な言葉のリストです。言葉を増やすのに役立ててください。

> **【問題の構成】**
> ● **言語知識（文字・語彙・文法）編**
> 　第１週　漢字読み・表記・文脈規定・
> 　　　　　言い換え類義
> 　第２週　用法・文の組み立て
> 　第３週　文法形式の判断・文章の文法
> ● **読解編**
> 　第４週　内容理解（短文）
> 　第５週　内容理解（中文）
> 　第６週　情報検索
> ● **聴解編**
> 　第７週　課題理解
> 　第８週　ポイント理解
> 　第９週　発話表現・即時応答
> ※実際の試験の出題順と異なります。

② 別冊

　問題の解答一覧と、聴解問題のスクリプトが収録されています。スクリプトの中で、問題を解くのに重要な部分には下線を付けました。

③ 音声

　聴解問題の音声は以下の方法でダウンロードできます。音声は無料です。

・右のコードを読み取って、ジャパンタイムズ出版の音声アプリ「OTO Navi」をスマートフォンやタブレットにインストールし、音声をダウンロードしてください。

・パソコンの場合は以下のURLからmp3音声をダウンロードしてください。

https://bookclub.japantimes.co.jp/jp/book/b605434.html

OTO Navi

ジャパンタイムズ
BOOK CLUB

④ 解説

　問題の解説はPDFファイルで提供します。右のコードを読み取るか、以下のURLからジャパンタイムズBOOK CLUBにアクセスしてダウンロードしてください。

https://bookclub.japantimes.co.jp/jp/book/b605434.html

Features and Usage of This Book

This book consists of four learning resources: a textbook, a supplement, audio files, and commentary.

① Textbook

問題 Exercises

This book presents exercises formatted in the same style as the test items appearing in level N4 of the Japanese Language Proficiency Test (JLPT), in the composition shown below. Five days' worth of exercises are provided for each week of this course, which takes 9 weeks to complete. You can choose to start from the Week 1, Day 1 exercises and sequentially work your way through the book, or you can skip the easier test sections to focus on just the ones that give you the most trouble. You can also do one day of exercises from each of the 9 weeks to practice the equivalent of one full JLPT.

A target completion time is set for each section other than Listening, so try to pace yourself to finish each section within that target, including the time you need to go back over your answers.

例題と解き方 Examples and Guide

The Language Knowledge, Reading, and Listening sections are each prefaced with commentary and example problems explaining how to solve their various test items. Be sure to go over this information before doing the exercises.

言葉を覚えよう Vocabulary

This lists words and expressions that you need to know for level N4. You can use it to increase your vocabulary.

Composition

● **Language Knowledge (Vocabulary / Grammar)**

Week 1	Kanji reading / Orthography / Contextually-defined expressions / Paraphrases
Week 2	Usage / Sentence composition
Week 3	Selecting grammar form / Text grammar

● **Reading**

Week 4	Comprehension (Short passages)
Week 5	Comprehension (Mid-size passages)
Week 6	Information retrieval

● **Listening**

Week 7	Task-based comprehension
Week 8	Point comprehension
Week 9	Utterance expressions / Quick response

Please note that the test items are not necessarily in the same order as they appear in the actual JLPT.

② Supplement

This contains an answer key for all the exercises, and scripts of the Listening exercises. The parts of the Listening material that are essential to solving the problems are underlined in the scripts.

③ Audio files

The audio material for the Listening exercises can be downloaded as follows. This material is free of charge.

- Scan the code to the right and install The Japan Times Publishing's OTO Navi audio app on your smartphone or tablet. Next, download the audio files for this book.
- If using a computer, download the files (mp3) from the following webpage:
  https://bookclub.japantimes.co.jp/en/book/b605436.html

OTO Navi

④ Commentary

Commentary on the exercises is available as a PDF file. To download the file, scan the code to the right, or download from the following webpage on The Japan Times BOOK CLUB website:

  https://bookclub.japantimes.co.jp/en/book/b605436.html

The Japan Times BOOK CLUB

本书的特点及使用方法

本书由①本册，②别册，③语音，④解答这4部分构成。

① 本册

問題 "题目" 模块

本书按照以下的构成，收录了与日语能力考试4级题目形式相同的题目。一共需要9周的时间来完成，每周收录了5天份的题目。既可以从第一周第一天的题目开始按顺序做起，也可以只选择自己比较薄弱的题目来做。另外，还可以当作模拟考试来用。如果从第一周到第九周的题目里面每周选一天的题并一次性做完的话，就相当于做了一套模拟考试题。

每一部分的题目都明确标注了预计的答题时间，包括做完后的检查修改，都请在预计答题时间内来完成。（听力题没有预计答题时间）

例題と解き方 "例题及解题方法" 模块

语言知识篇，阅读理解篇，以及听力篇的最开头，都有几道例题并附有详细的解题方法。在正式开始做题之前，请先通过做例题来了解此类题解题的关键之处。

言葉を覚えよう "一起来记单词" 模块

这些都是日语能力考试4级的词汇。可以通过记这些单词来扩展自己的词汇量。

> **题目的构成**
> - **语言知识（文字 / 词汇 / 语法）**
>   - 第1周　汉字读法 / 汉字书写 / 前后关系 / 近义替换
>   - 第2周　用法 / 句子的组织
>   - 第3周　语法形式的判断 / 文章语法
> - **阅读理解**
>   - 第4周　内容理解（短篇）
>   - 第5周　内容理解（中篇）
>   - 第6周　信息检索
> - **听力**
>   - 第7周　问题理解
>   - 第8周　重点理解
>   - 第9周　语言表达 / 即时应答
>
> ※ 与正式考试时的题目顺序不同。

② 别册

这里收录了所有题目的答案以及听力题的原文。听力原文里的下划线部分是解答该听力题的关键。

③ 语音

听力题的音频文件可以通过以下的方法来下载。音频文件是免费的。

- 请先扫右侧的二维码，将语音APP "OTO Navi" 安装到手机或者平板电脑上之后，再在APP内下载相关题目的语音。此语音APP是由Japan Times出品。
- 如果是通过电脑来下载的话，可以通过下面的地址链接来下载mp3语音文件。

  https://bookclub.japantimes.co.jp/en/book/b605436.html

④ 解答

关于题目的详细解答会以PDF文件的形式提供给大家。请通过扫右侧的二维码或者通过下面的地址链接进入Japan Times BOOK CLUB的网站来进行下载。

https://bookclub.japantimes.co.jp/en/book/b605436.html

ĐẶC TRƯNG VÀ CÁCH SỬ DỤNG QUYỂN SÁCH NÀY

Quyển sách này gồm 4 phần: 1) Nội dung chính, 2) Phụ lục đính kèm, 3) Âm thanh, 4) Giải thích đáp án

① NỘI DUNG CHÍNH

問題 Câu hỏi

Phần này gồm các câu hỏi có hình thức giống đề thi JLPT N4 và được bố cục như bên dưới. Các câu hỏi được chia ra cho 5 ngày trong mỗi tuần, hoàn thành trong 9 tuần. Các bạn có thể luyện tập theo thứ tự trong sách, bắt đầu từ Ngày 1 của Tuần 1; hoặc là chỉ chọn ra phần mình còn kém để giải. Hoặc nếu làm như cách sau: chọn ra tất cả các bài Ngày 1 từ tuần 1 đến tuần 9 để làm tập trung 1 lần thì xem như các bạn đã hoàn thành đủ nội dung của 1 đề thi thử.

Trong mỗi nội dung luyện tập đều đặt ra thời gian hoàn thành, vì vậy các bạn hãy cố gắng giải hết câu hỏi trong thời gian được đặt ra, tính cả thời gian dò lại bài. (Phần Nghe không yêu cầu thời gian hoàn thành)

例題と解き方 Câu hỏi ví dụ và cách trả lời

Trước mỗi phần "Kiến thức ngôn ngữ", "Đọc hiểu", "Nghe" sẽ có câu hỏi ví dụ và giải thích cách trả lời cho câu hỏi đó. Vì vậy, trước khi bắt đầu luyện tập, các bạn nên đọc kĩ phần hướng dẫn này để nắm được mẹo giải của từng phần.

言葉を覚えよう Nhớ từ vựng

> **Bố cục câu hỏi**
> ● **Kiến thức Ngôn ngữ (Từ vựng/Ngữ pháp)**
> Tuần 1 Đọc Kanji / Chính tả / Quy định ngữ cảnh / Cụm từ thay thế
> Tuần 2 Cách sử dụng / Ghép câu
> Tuần 3 Chọn hình thức ngữ pháp / Ngữ pháp của đoạn văn
> ● **Đọc hiểu**
> Tuần 4 Hiểu nội dung (đoạn văn ngắn)
> Tuần 5 Hiểu nội dung (đoạn văn vừa)
> Tuần 6 Tìm kiếm thông tin
> ● **Nghe**
> Tuần 7 Hiểu vấn đề
> Tuần 8 Hiểu điểm quan trọng
> Tuần 9 Diễn đạt bằng lời / Trả lời nhanh
> Lưu ý là bố cục này khác với thứ tự câu hỏi trong đề thi thực tế.

Phần này là danh sách tổng hợp các từ vựng cần nhớ ở cấp độ N4. Các bạn hãy sử dụng để tăng thêm vốn từ vựng.

② PHỤ LỤC ĐÍNH KÈM

Phần này gồm đáp án của tất cả câu hỏi và lời thoại của phần Nghe. Trong lời thoại, phần quan trọng (gợi ý) để trả lời câu hỏi sẽ được gạch dưới.

③ ÂM THANH

Có thể tải âm thanh của phần Nghe bằng các cách sau đây (Miễn phí).

- Đọc mã code bên phải, cài đặt ứng dụng "OTO Navi" của NXB Japan Times vào điện thoại hoặc máy tính bảng, và bắt đầu tải âm thanh.
- Trong trường hợp dùng máy tính, hãy tải file mp3 từ đường dẫn bên dưới.

  https://bookclub.japantimes.co.jp/en/book/b605436.html

OTO Navi

The Japan Times
BOOK CLUB

④ GIẢI THÍCH ĐÁP ÁN

Phần giải thích đáp án là file PDF. Hãy đọc mã code bên phải, hoặc truy cập vào trang BOOK CLUB của Japan Times từ đường dẫn bên dưới để tải về.

  https://bookclub.japantimes.co.jp/en/book/b605436.html

Особенности использования этой книги

Эта книга состоит из 4-х частей: учебник, приложение, аудиофайлы и комментарии.

① **Учебник**

問題 Задания

Задания для экзамена по определению уровня владения японским языком (JLPT), так же как и для N4, построены по следующей структуре. Каждая неделя имеет задания на 5 дней, завершение учебника расчитано на 9 недель. Вы можете выполнять задания по порядку, начиная с первой недели, или выборочно выполнять те, в которых сомневаетесь. Также, если вы решите сделать "один день" заданий из каждого раздела всех девяти недель, то этот убеник можно использовать как разовый тренировочный тест для JLPT.

Для каждого раздела, кроме прослушивания, установлено целевое время завершения, поэтому постарайтесь ускорить себя, чтобы закончить каждый раздел в пределах этого промежутка, включая время, которое вам понадобится, чтобы проверить свои ответы.

例題と解き方 Примеры и способы решения

В начале разделов «Знание языка», «Чтение», «Аудирование» предлагаются объяснения на примерах. Прежде чем приступить к выполнению заданий, просмотрите основные пункты.

言葉を覚えよう Словарный запас

Список слов необходимых для уровня N4. Вы можете использовать их для обогащения своего лексикона.

② **Приложение**

Приложение содержит ответы на задания и тексты аудиопрослушивания. В тексте подчёркнуты основные моменты необходимые для разрешения вопроса.

③ **Аудиофайлы**

Задания для аудиопрослушивания вы можете бесплатно скачать ниже.

- Просканируйте QR-код справа, установите программу [OTO Navi] издательства «The Japan Times» в своём телефоне или планшете и загрузите аудио.
- Для компьютеров вы можете загрузить аудио в формате mp3 перейдя по следующей ссылке.

  https://bookclub.japantimes.co.jp/en/book/b605436.html

④ **Комментарии**

Комментарии к заданиям предложены в файле PDF. Просканируйте QR-код справа или перейдите в BOOK CLUB «The Japan Times» по указанной ниже ссылке, чтобы скачать его.

  https://bookclub.japantimes.co.jp/en/book/b605436.html

Структура заданий

● **Знание языка (Лексика / Грамматика)**

1-я неделя	Чтение иероглифов / Орфография / Выбор слова по контексту / Парафраз
2-я неделя	Способ употребления / Структура предложения
3-я неделя	Выборочная грамматическая конструкция / Грамматика в тексте

● **Чтение**

4-я неделя	Понимание содержания (Короткий отрывок)
5-я неделя	Понимание содержания (Средний отрывок)
6-я неделя	Поиск информации

● **Аудирование**

7-я неделя	Понимание задания
8-я неделя	Понимание сути
9-я неделя	Речевое выражение / Быстрый ответ

Порядок отличается от фактического порядка экзаменационных заданий

OTO Navi

The Japan Times
BOOK CLUB

「例題と解き方」翻訳版について

"Examples and Guide" in Other Languages
如何获取"例题及解题方法"的翻译版
Hướng dẫn sử dụng bản dịch của phần "Câu hỏi ví dụ và cách trả lời"
Руководство к доступу русскоязычной версии «Примеров и способов решений»

「例題と解き方」には、翻訳版（英語、中国語、ベトナム語、ロシア語）があります。以下のURLにアクセスするか、スマートフォンやタブレットでコードを読み取ってアクセスしてください。

An English version of "Examples and Guide" is available. It can be accessed via the link below or by scanning the code with a scanning app on your smartphone or tablet.

"例题及解题方法"这部分有汉语翻译版。请通过登录下面的网址，或通过用手机或平板电脑直接读取二维码来获取。

Phần "Câu hỏi ví dụ và cách trả lời" có bản dịch Tiếng Việt. Để xem bản dịch, hãy truy cập từ đường dẫn bên dưới, hoặc truy cập bằng cách dùng điện thoại, máy tính bảng đọc mã code.

Для получения доступа к русскоязычной версии «Примеров и способов решений» перейдите по указаннному ниже URL-адресу или отсканируйте QR-код с помощью смартфона или планшета.

【英語　English】

https://bookclub2.japantimes.co.jp/download/files/N4_reidai_EN.pdf

【中国語　中文】

https://bookclub2.japantimes.co.jp/download/files/N4_reidai_CN.pdf

【ベトナム語　Tiếng Việt】

https://bookclub2.japantimes.co.jp/download/files/N4_reidai_VN.pdf

【ロシア語　русский】

https://bookclub2.japantimes.co.jp/download/files/N4_reidai_RU.pdf

言葉を覚えよう 1

文型・表現

□〜かもしれません　might 〜 / 也许，可能，没准儿〜 / có thể là 〜, có khả năng là 〜 / возможно 〜

□〜ことにします　decide to 〜 /（对未来行为的某种）决定，决心〜 / quyết định là 〜 / решено (мной лично)

□〜すぎます　〜 too much / 太〜，过于〜 / 〜 quá / пере〜 (гл.)в значении слишком

□〜ために　in order to 〜; for 〜 /（表示目的）为，为了〜 / để 〜, nhằm (làm gì) / ради 〜; с целью 〜

□〜ておきます　〜 in advance / 提前，事先做好〜 / 〜 sẵn, 〜 trước / сделать что-то заранее

□〜てくれませんか　Can you 〜? /（请求）能为（帮）我做〜 / (làm ơn) 〜 giúp tôi được không? / не могли бы вы 〜

□〜てみます　try -ing /（表示尝试）试试，看看，尝试做〜 / 〜 thử, thử 〜 / попытка совершить действие

□〜とおりに　in the same way as 〜; just as 〜 / 正如，按照〜 / theo đúng như 〜 / в соответствии 〜; согласно 〜

□〜とき　when 〜 / 〜的时候 / khi 〜, lúc 〜 / когда 〜; во время 〜

□〜ほうがいいです　had better 〜 /（表示劝告）最好是〜，还是〜为好 / 〜 thì tốt hơn, nên 〜 / лучше сделать так (совет)

名詞

□お祝い　celebration / 祝贺，庆祝，贺礼 / sự chúc mừng, quà mừng / поздравление; поздравительный подарок

□贈り物　gift; present / 礼物，礼品，赠物 / quà tặng / подарок

□お見舞い　visiting (someone who is sick) / 看望，探望，慰问 / thăm bệnh, thăm người ốm / посещение (больного)

□技術　technology / 技术 / kỹ thuật / техника; мастерство

□グループ　group / 组，群，伙伴，集团 / nhóm / группа; кружок

□経済　economy / 经济 / kinh tế / экономика

□景色　view; landscape / 风景，景色 / phong cảnh / вид; пейзаж

□講義　lecture / 大学的课程，讲义，讲解 / bài giảng / лекция

□交通　traffic / 交通 / giao thông / транспорт; уличное движение

□手術　surgery / 手术 / sự phẫu thuật, cuộc phẫu thuật / операция

□将来　future / 将来 / tương lai / будущее

□政治　politics / 政治 / chính trị / политика

□チャンス　chance; opportunity / 机会，良机 / cơ hội / шанс

□用事　things to do; tasks / 事情，急事，应该或必须要做的事 / việc bận, công chuyện / дело; поручение

言語知識（文字・語彙・文法）編

Language Knowledge (Vocabulary/Grammar)

<table><tr><td>例題と解き方</td><td>～言語知識（文字・語彙・文法）編～</td></tr></table>

漢字読み　Kanji reading

＿＿＿＿の漢字の読み方を選ぶ問題です。

例題1

1　あした　会社は　やすみです。

　　1　かいしゃ　　　　2　かいじゃ　　　　3　がいしゃ　　　　4　がいじゃ

2　あそこに　牛が　います。

　　1　うま　　　　　　2　うし　　　　　　3　とり　　　　　　4　いぬ

表記　Orthography

＿＿＿＿の言葉の漢字の書き方を選ぶ問題です。

例題2

1　くにへ　かえるとき、おみやげを　かいます。

　　1　返る　　　　　　2　返える　　　　　3　帰る　　　　　　4　帰える

2　もんの　まえに　だれが　いますか。

　　1　門　　　　　　　2　問　　　　　　　3　間　　　　　　　4　聞

文脈規定　Contextually-defined expressions

文の意味を考えながら、（　　　　）に入る言葉を選ぶ問題です。

例題3

1　さむく　なりましたから、（　　　）を　つけましょう。

　　1　スイッチ　　　　2　エアコン　　　　3　でんき　　　　　4　うわぎ

2　つよい　あめが　（　　　）います。

　　1　おちて　　　　　2　ふいて　　　　　3　して　　　　　　4　ふって

言い換え類義　Paraphrases

______の文とだいたい同じ意味の文を選ぶ問題です。

例題4

1　せんせいは　ナムさんに　ペンを　かしました。

1　せんせいは　ナムさんに　ペンを　あげました。

2　せんせいは　ナムさんに　ペンを　もらいました。

3　ナムさんは　せんせいに　ペンを　かりました。

4　ナムさんは　せんせいに　ペンを　かえしました。

用法　Usage

______の言葉の使い方が正しい文を選ぶ問題です。

例題5

1　わかれる

1　くつの　ひもが　わかれたので、　もう一度　むすんだ。

2　学校の　あと、駅で　友だちと　わかれて、アルバイトに　行った。

3　かれは　わたしから　わかれた　ところに　すわった。

4　国と　わかれて、もうすぐ　2年に　なります。

POINT 1　______以外の意味を確認しましょう

☞ まず、選択肢1から4を読みます。それから、一つ一つどんなことを言いたい文か確認します。

POINT 2　______の言葉が、POINT 1で確認した場面・状況に合っているか確認しましょう

☞ 例題5の「わかれる」は「それまで一緒にいた人と離れて別々になる」ことです。この意味が、選択肢の文に合っているか確認します。

例題5の解き方

1 ▶ 「ひも」は人ではないので、間違いです。「解ける」や「ほどける」を使うのが正しいです。

2 ▶ 答え

3 ▶ どこに「すわった」か、位置を言っているので、間違いです。「離れる」を使うのが正しいです。

4 ▶ 「国」は人ではないので、間違いです。「国を離れる」が正しいです。

文法形式の判断　Selecting grammar form

（　　　）に入る正しい言葉を選ぶ問題です。

例題6

1 A「くろ（　　　）あおの　ペンで　書いて　ください。」

　　 B「では、くろの　ペンで　書きます。」

　　 1　の　　　　　　　2　と　　　　　　　3　か　　　　　　　4　で

2 夏休みに　国へ　（　　　）たいです。

　　 1　かえり　　　　　2　かえる　　　　　3　かえって　　　　4　かえった

文の組み立て　Sentence composition

4つの言葉を正しく並べて文を作る問題です。

例題7

1 A「今日は　＿＿＿　＿＿＿　＿＿＿　＿★＿　でしょう?」

　　 B「ええ、うちへ　かえって、はやく　休みたいです。」

　　 1　はたらいた　　　2　つかれた　　　3　から　　　　　　4　たくさん

POINT 1　選択肢や問題の文の中から、中心となる文型を見つけましょう

☞ 文型 (grammatical patterns) がわかると、それにつく言葉や形がわかります。まずは、選択肢や＿＿＿の前や後ろから文型を見つけます。

POINT 2　文型に続く言葉を探しましょう

☞ POINT 1をヒントに、言葉をつなげて、言葉のセットを作ります。

POINT 3 できた文を読んで、きちんと意味がわかるか確認しましょう

☞ 文法が正しくても、意味がわからない文になることがあります。言葉を並べた後、最初から読んで、意味がわかる文になったかどうか確認してください。

☞ 「★」の位置はいつも同じではないので、間違えないように注意してください。

例題7の解き方

① 文の最後の「でしょう」を見ます。この前は普通形 (plain form) ですから、「1　はたらいた」「でしょう」か「2　つかれた」「でしょう」の2つのセットを考えることができます。

② 次に、「3　から」を見ます。「から」の前は理由ですから、「1　はたらいた」「3　から」「2　つかれた」という順番がいいです。

③ そして「4　たくさん」を見ます。「たくさん」は数が多いことを表すので、「4　たくさん」「1　はたらいた」がセットになります。「4　たくさん」「3　つかれた」は間違いです。

④ 最後に、並べ替えた文を読みます。正しい文は、下のとおりです。★は2です。
今日は「4　たくさん」「1　はたらいた」「3　から」「2　つかれた」でしょう？
となります。

文章の文法　Text grammar

長い文章の空いているところに合う言葉を選ぶ問題です。

例題8

下の　文章は、留学生の　作文です。

　私は　去年の　4月10日に　日本へ　来ました。日本へ　来てから、ずっと　学校の　りょうに　住んで　います。りょうには　いろいろな　国の　学生が　いて、ときどき　パーティーを　します。パーティーでは　みんな　国の　料理を　作ります。　__1__、その　料理を　食べながら、ゲームを　したり、歌を　歌ったり　します。また、勉強も　いっしょに　します。家族が　いなくて　少し　さびしいですが、みんな　親切ですから、__2__。

__1__

　1　でも　　　　　　　2　そして　　　　　　3　だから　　　　　　4　では

__2__

　1　楽しいです　　　2　楽しくないです　　　3　楽しかったです　　　4　楽しくなります

POINT 1 文章を読む前に、気をつけて読むポイントを確認しましょう

☞ 助詞 (particles) や接続詞 (conjunctions) は必ず出ると言っていいでしょう。また、文の最後を聞く問題も多いです。以下の5つのポイントに注意しましょう。

① 助詞

　　例：「〜は」「〜も」「〜の」「〜を」「〜が」「〜に」「〜へ」「〜で」「〜と」「〜や」「〜から」「〜まで」「〜までに」「〜より」「〜でも」「〜か」など

　　　　➡前後の言葉の関係を確認して、意味がある文にするにはどの助詞がいいか考えます。

② 相手との関係を表す文型

　　例：「(〜て) あげる／さしあげる／やる」「(〜て) もらう／いただく」「(〜て) くれる／くださる」「〜 (ら) れる［受身形 (passive)]」「〜 (さ) せる［使役形 (causative)]」など

　　　　➡主語 (subject) が省略 (omit) されていることが多いです。文の主語を見つけて、する人は誰か、受ける人は誰か考えます。

③ 文末に使われる文型

　　例：「〜ことにします」「〜ようにします」「〜 (よ) うと思っています」「〜つもりです」「〜ほうがいいです」「〜かもしれません」「〜はずです」「〜でしょう」「〜そうです」「〜ようです」「〜らしいです」「〜てみます」「〜という意味です」など

　　　　➡書いた人（筆者）の意見や考えを理解しているか聞く問題や、時制 (tense) を聞く問題が出ます。

④ 接続詞

　　　　➡前の文と後ろの文はどんな関係か考えます。

◎よく出る接続詞

使い方 Usage	接続詞 Conjunctions
理由や原因を受けて結論を言う Stating an outcome of a reason/cause	ですから／だから／それで 例：きのう、熱がありました。ですから、学校を休みました。
反対のことを言う Stating a contrast	しかし／でも／けれども 例：きのう、熱がありました。しかし、学校へ行きました。
話を並べたり加えたりする Adding information	そして／また／それから／それに 例：きのう、熱がありました。そして、頭も痛かったです。
新しい話を始めたり、それまでの話を終えたりする Transitioning to a different topic/matter	では／それでは 例：しつもんはありませんね。では、かいぎを終わりましょう。
選ぶものを示す Presenting another choice	または 例：しつもん、または、いけんはありませんか。

POINT 2　POINT 1を使って、正しい選択肢を選びましょう

例題8の解き方

① ［ 1 ］では、前の文に後ろの文を続けるために必要な接続詞を考えます（POINT 1 ④）。［ 1 ］の前では「パーティーではみんな国の料理を作ります。」と言っていて、その後では「その料理を食べながら、～」と言っているので、パーティーですることを順番に並べていることがわかります。ですから、「そして」や「それから」を使うことができます。選択肢に「それから」はないので、「そして」を選びます。

② ［ 2 ］では、「みんな親切ですから」という理由から、正しい答えを選びます。選択肢2の「楽しくないです」は前の理由に合いません。また、この文は今のことを言っていますから、選択肢3のように過去 (past) のことを言ったり、選択肢4のように将来のことを言ったりするのは間違いです。正しい答えは選択肢1です。

例題の答え	
例題1 1,2　例題2 3,1　例題3 2,4　例題4 3　例題5 2　例題6 3,1　例題7 2	
例題8 2,1	

第1週　1日目

⌛ 目標解答時間　20分

📅 ＿＿＿＿月＿＿＿＿日

漢字読み　Kanji reading

＿＿＿＿の　ことばは　ひらがなで　どう　かきますか。1・2・3・4から　いちばん　いい　ものを　ひとつ　えらんで　ください。

1　今日は　とても　暑かったですね。

　　1　たのしかった　　　　　　　　2　さびしかった
　　3　あつかった　　　　　　　　　4　すずしかった

2　わたしは　弟が　います。

　　1　あに　　　　　2　おとうと　　　　3　あね　　　　　4　いもうと

3　あたらしい　道具を　もらいました。

　　1　みちく　　　　　2　みちぐ　　　　3　とうく　　　　4　どうぐ

4　その　コップを　取って　ください。

　　1　つかって　　　　2　とって　　　　3　もって　　　　4　あらって

5　父は　足の　手術を　しました。

　　1　しゅうじゅつ　　　　　　　　2　しゅじゅうつ
　　3　しゅじゅつ　　　　　　　　　4　しゅうじゅうつ

6　スーパーで　油を　買いました。

　　1　こめ　　　　　2　あぶら　　　　3　さけ　　　　4　たまご

7　わたしは　秋が　いちばん　すきです。

　　1　はる　　　　　2　なつ　　　　3　あき　　　　4　ふゆ

表記 Orthography（ひょうき）

　　＿＿＿の　ことばは　どう　かきますか。1・2・3・4から　いちばん　いい　ものを　ひとつ　えらんで　ください。

1 　あおい　ペンが　ほしいです。

1　白い　　　　　2　黒い　　　　　3　赤い　　　　　4　青い

2 　100メートル　はしって　ください。

1　走って　　　　2　歩って　　　　3　従って　　　　4　徒って

3 　うえださんは　ちばけんに　すんで　います。

1　都　　　　　　2　市　　　　　　3　県　　　　　　4　区

4 　へやから　ゆきが　見えます。

1　星　　　　　　2　雷　　　　　　3　雲　　　　　　4　雪

5 　しょうらい　せいじの　しごとが　したいです。

1　政治　　　　　2　政事　　　　　3　征治　　　　　4　征事

文脈規定 Contextually-defined expressions

（　　　）に　なにを　いれますか。1・2・3・4から　いちばん　いい　ものを
ひとつ　えらんで　ください。

1　ケーキを　つくりましたが、（　　　）して　しまいました。

　　1　せいさん　　　　2　しっぱい　　　　3　はつめい　　　　4　しゅうり

2　わたしは　外国の　えいがに　（　　　）が　あります。

　　1　しゅみ　　　　2　そうだん　　　　3　きょうみ　　　　4　ぶんか

3　あしたは　（　　　）9時に　来て　ください。

　　1　じゅうぶん　　　　2　ひじょうに　　　　3　けっして　　　　4　かならず

4　いつまでも　ごしゅじんを　まつ　犬の　話を　聞いて　とても　（　　　）
しました。

　　1　かんどう　　　　2　はっぴょう　　　　3　せつめい　　　　4　やくそく

5　すみません。（　　　）お金を　かして　もらえませんか。

　　1　ほそい　　　　2　ふとい　　　　3　こまかい　　　　4　おもい

6　はやしさんに　しごとを　（　　　）が、ことわられて　しまいました。

　　1　たのみました　　　　　　　　　　2　たすけました

　　3　きょうりょくしました　　　　　　4　はたらきました

7　この　国では　25（　　　）ぐらいの　人が　犬や　ネコなどの　ペットを
かって　いるそうです。

　　1　メートル　　　　2　グラム　　　　3　リットル　　　　4　パーセント

8　としょかんで　かりたい　本を　（　　　）、うけつけに　もってきて　ください。

　　1　とどけて　　　　2　えらんで　　　　3　おくって　　　　4　わたして

言い換え類義 Paraphrases

_____の ぶんと だいたい おなじ いみの ぶんが あります。1・2・3・4 から いちばん いい ものを ひとつ えらんで ください。

1 いえに かえって、ふくしゅうします。

1 いえに かえって、レポートを 書きます。

2 いえに かえって、もういちど べんきょうします。

3 いえに かえって、きれいに へやを そうじします。

4 いえに かえって、ゆっくり やすみます。

2 わたしは りんごの けんきゅうを して います。

1 わたしは りんごを そだてて います。

2 わたしは りんごを うって います。

3 わたしは りんごを くわしく しらべて います。

4 わたしは りんごを つかった りょうりを つくって います。

3 あの 人の こえは うつくしいですね。

1 あの 人の こえは 高いですね。

2 あの 人の こえは ひくいですね。

3 あの 人の こえは 元気ですね。

4 あの 人の こえは きれいですね。

4 この くつは かわいて います。

1 この くつは ぬれて いません。

2 この くつは ぬれて います。

3 この くつは 人気が あります。

4 この くつは 人気が ありません。

第1週　2日目

漢字読み　Kanji reading

_____の　ことばは　ひらがなで　どう　かきますか。1・2・3・4から　いちばん　いい　ものを　ひとつ　えらんで　ください。

1　男の子が　空を　見て　います。

　　1　そら　　　　　2　まど　　　　　3　そと　　　　　4　くも

2　この　映画は　おもしろいです。

　　1　えが　　　　　2　えいが　　　　3　えかく　　　　4　えいかく

3　お金を　払います。

　　1　しまいます　　2　つかいます　　3　はらいます　　4　ひろいます

4　さとうさんは　赤い　セーターを　きて　います。

　　1　しろい　　　　2　くろい　　　　3　あおい　　　　4　あかい

5　はこの　中の　ものを　調べます。

　　1　ならべます　　2　しらべます　　3　えらべます　　4　はこべます

6　すみません。少し　遅く　なりました。

　　1　おそく　　　　2　はやく　　　　3　ふとく　　　　4　ほそく

7　この　さらを　洗った　人は　だれですか。

　　1　あらった　　　2　かった　　　　3　つかった　　　4　わった

<table>
<tr><td>表記 Orthography</td></tr>
</table>

＿＿＿＿の　ことばは　どう　かきますか。1・2・3・4から　いちばん　いい　ものを　ひとつ　えらんで　ください。

1 ドアを　しめて　ください。

  1　門めて　　　　2　聞めて　　　　3　閉めて　　　　4　開めて

2 いもうとは　びょういんで　はたらいて　います。

  1　兄　　　　2　姉　　　　3　弟　　　　4　妹

3 テストの　時間が　みじかかったです。

  1　短かった　　　　　　　　2　長かった

  3　多かった　　　　　　　　4　低かった

4 車に　ちゅういして　ください。

  1　注音　　　　2　住音　　　　3　注意　　　　4　住意

5 かのじょは　わたしと　おなじ　アパートに　すんで　います。

  1　司じ　　　　2　同じ　　　　3　何じ　　　　4　回じ

文脈規定 Contextually-defined expressions

（　　　）に　なにを　いれますか。1・2・3・4から　いちばん　いい　ものを
ひとつ　えらんで　ください。

1　外国で　一人で　はたらいて　いる　父を、母は　（　　　）して　います。
　　1　けいけん　　　　2　じゅんび　　　　3　しんぱい　　　　4　せわ

2　この　へやからの　（　　　）は　すばらしいです。
　　1　ぶんか　　　　2　けんぶつ　　　　3　おくじょう　　　4　けしき

3　今日は　さむく　なると　おもいましたが、（　　　）さむくなかったです。
　　1　こんなに　　　　2　そんなに　　　　3　あんなに　　　4　どんなに

4　ぜひ　あそびに　来て　ください。わたしが　まちを　（　　　）。
　　1　あんないします　　　　　　　　2　りょこうします
　　3　さそいます　　　　　　　　　　4　つれて　いきます

5　たんじょうびに　プレゼントを　もらって　（　　　）です。
　　1　やさしかった　2　うれしかった　3　きびしかった　4　さびしかった

6　じしんで　本だなに　あった　本が　（　　　）。
　　1　われました　　2　こわれました　3　おちました　　4　きれました

7　学校の　中は　きんえんです。これは　（　　　）ですから、まもりましょう。
　　1　ルール　　　　2　テーマ　　　　3　デート　　　　4　ゲーム

8　今日は　あたたかかったです。25（　　　）でした。
　　1　かい　　　　2　はい　　　　3　こ　　　　4　ど

言い換え類義 Paraphrases

　　　　の　ぶんと　だいたい　おなじ　いみの　ぶんが　あります。1・2・3・4 から　いちばん　いい　ものを　ひとつ　えらんで　ください。

1　この　川は　きけんです。

　　1　この　川は　ふかいです。

　　2　この　川は　あさいです。

　　3　この　川は　あぶないです。

　　4　この　川は　きたないです。

2　この　レストランは　こんで　います。

　　1　この　レストランは　人が　多いです。

　　2　この　レストランは　人が　少ないです。

　　3　この　レストランは　ねだんが　高いです。

　　4　この　レストランは　ねだんが　安いです。

3　日本語が　ちっとも　わかりません。

　　1　日本語が　あまり　わかりません。

　　2　日本語が　ほとんど　わかりません。

　　3　日本語が　ぜんぜん　わかりません。

　　4　日本語が　少ししか　わかりません。

4　テストを　見て、がっかりしました。

　　1　テストを　見て、うれしく　なりました。

　　2　テストを　見て、わらいました。

　　3　テストを　見て、たおれました。

　　4　テストを　見て、ざんねんに　おもいました。

第1週　3日目

目標解答時間　20分

＿＿＿＿月＿＿＿＿日

漢字読み　Kanji reading

＿＿＿＿の　ことばは　ひらがなで　どう　かきますか。1・2・3・4から　いちばん　いい　ものを　ひとつ　えらんで　ください。

1　今日は　風が　きもちいいです。

1　そら　　　　　2　かぜ　　　　　3　ひかり　　　　　4　なみ

2　いっしょに　散歩しませんか。

1　ざんぼ　　　　2　ざんぽ　　　　3　さんぼ　　　　　4　さんぽ

3　かわいさんは　いろいろ　知って　います。

1　とって　　　　2　うって　　　　3　しって　　　　　4　もって

4　遠い　ところへ　行きたいです。

1　とおい　　　　2　とうい　　　　3　とおいい　　　　4　とういい

5　みんなが　元気で　安心しました。

1　あんじん　　　2　あんしん　　　3　かんじん　　　　4　かんしん

6　妻に　電話します。

1　おっと　　　　2　おじ　　　　　3　つま　　　　　　4　おば

7　ここから　大きな　港が　見えます。

1　みなと　　　　2　みずうみ　　　3　まち　　　　　　4　はやし

表記 Orthography

　　　＿＿＿の　ことばは　どう　かきますか。1・2・3・4から　いちばん　いい　ものを　ひとつ　えらんで　ください。

1　むらたさんは　フランスに　すんで　います。

　1　柱んで　　　　2　注んで　　　　3　住んで　　　　4　往んで

2　この　アルバイトは　じきゅうが　1,000円です。

　1　時給　　　　2　自給　　　　3　時級　　　　4　自級

3　くろい　車が　はしって　きました。

　1　暗い　　　　2　黒い　　　　3　赤い　　　　4　明い

4　サッカーの　しあいで　つよい　チームに　かって、うれしいです。

　1　変って　　　　2　借って　　　　3　買って　　　　4　勝って

5　先生は　タバコを　すいません。

　1　吸いません　　2　飲いません　　3　吹いません　　4　飯いません

文脈規定 Contextually-defined expressions

（　　　）に　なにを　いれますか。1・2・3・4から　いちばん　いい　ものを
ひとつ　えらんで　ください。

1　てがみを　書くときは、（　　　）字で　書きましょう。
　　1　ていねいな　　　2　おとなしい　　　3　とくべつな　　　4　きびしい

2　（　　　）で　かみの　けを　きって　もらいます。
　　1　どうぶつえん　　2　とこや　　　　　3　びょういん　　　4　やおや

3　雨で　せんたくものが　（　　　）しまいました。
　　1　とけて　　　　　2　わいて　　　　　3　ぬれて　　　　　4　すべって

4　（　　　）で　山の　中を　たくさん　あるいて、少し　つかれました。
　　1　コンサート　　　2　ハイキング　　　3　ホームステイ　　4　マラソン

5　毎日　れんしゅうすれば、（　　　）じょうずに　なるでしょう。
　　1　できるだけ　　　2　まるで　　　　　3　とうとう　　　　4　きっと

6　あしたの　パーティーに　（　　　）したいです。
　　1　さんか　　　　　2　ごうかく　　　　3　おじぎ　　　　　4　ゆしゅつ

7　アルバイトの　前に、手の　（　　　）を　きって　きて　くださいね。
　　1　けが　　　　　　2　ごみ　　　　　　3　つめ　　　　　　4　ひげ

8　本を　見て、にわに　さいて　いる　花の　名前を　（　　　）。
　　1　つかまえました　　　　　　　　2　かぞえました
　　3　しょうたいしました　　　　　　4　しらべました

言い換え類義 Paraphrases

_____の　ぶんと　だいたい　おなじ　いみの　ぶんが　あります。1・2・3・4から　いちばん　いい　ものを　ひとつ　えらんで　ください。

1 父は　わたしの　りゅうがくに　はんたいして　います。

1　父は　わたしに　りゅうがくしなさいと　言いました。

2　父は　わたしに　りゅうがくして　ほしくないと　おもって　います。

3　父は　わたしに　りゅうがくしても　いいと　言いました。

4　父は　わたしに　りゅうがくを　すすめました。

2 いい　アイデアですね。

1　いい　りゆうですね。

2　いい　けいけんですね。

3　いい　名前ですね。

4　いい　かんがえですね。

3 こまったときは　電話して　ください。

1　もんだいが　あるときは　電話して　ください。

2　わたしの　国に　来るときは　電話して　ください。

3　ニュースが　あるときは　電話して　ください。

4　何か　わかったときは　電話して　ください。

4 すばらしい　えいがでした。

1　おもしろい　えいがでした。

2　かなしい　えいがでした。

3　とても　いい　えいがでした。

4　とても　いやな　えいがでした。

目標解答時間　20分
もくひょうかいとう じ かん

_______月_______日

第1週　4日目

漢字読み Kanji reading
かん じ よ

_______の　ことばは　ひらがなで　どう　かきますか。1・2・3・4から　いちばん　いい　ものを　ひとつ　えらんで　ください。

1　その　かばんは　とても　軽かったです。
　　1　あたらしかった　　　　　　　2　かるかった
　　3　ふるかった　　　　　　　　　4　おもかった

2　わたしは　旅行が　すきです。
　　1　りょこ　　　　2　りょうこ　　　3　りょこう　　　4　りょうこう

3　この　村に　すんで　いました。
　　1　まち　　　　　2　くに　　　　　3　とち　　　　　4　むら

4　母が　この　スカートを　選んで　くれました。
　　1　はこんで　　　2　えらんで　　　3　つつんで　　　4　たのんで

5　ここから　湖が　見えます。
　　1　みずうみ　　　2　いけ　　　　　3　ほし　　　　　4　やま

6　おとうとは　工場で　はたらいて　います。
　　1　こじょ　　　　2　こうじょ　　　3　こじょう　　　4　こうじょう

7　座って　ください。
　　1　かって　　　　2　とまって　　　3　とって　　　4　すわって

表記 Orthography

______の ことばは どう かきますか。1・2・3・4から いちばん いい ものを ひとつ えらんで ください。

1 いい きょくですね。

　1 歌　　　　　2 音　　　　　3 曲　　　　　4 声

2 いもうとは からだが よわいです。

　1 強い　　　　2 若い　　　　3 固い　　　　4 弱い

3 今日は くもが おおいですね。

　1 雲　　　　　2 電　　　　　3 雷　　　　　4 蕾

4 もっと いそいで ください。

　1 忘いで　　　2 息いで　　　3 急いで　　　4 念いで

5 わたしは 8かいに すんで います。

　1 指　　　　　2 階　　　　　3 旨　　　　　4 皆

文脈規定 Contextually-defined expressions

（　　　）に　なにを　いれますか。1・2・3・4から　いちばん　いい　ものを
ひとつ　えらんで　ください。

1　そぼは　はが　よわく　なって、（　　　）ものが　食べられません。
　　1　かたい　　　　　　2　やわらかい　　　3　にがい　　　　　　4　ふかい

2　さくぶんに　まちがいが　あります。ただしく　（　　　）ください。
　　1　すてて　　　　　　2　けして　　　　　3　きめて　　　　　　4　なおして

3　（　　　）を　見て、ふくを　チェックします。
　　1　かべ　　　　　　　2　かがみ　　　　　3　ドア　　　　　　　4　カーテン

4　（　　　）が　あったら、外国で　はたらきたいです。
　　1　チャンス　　　　　2　ラッシュ　　　　3　タイプ　　　　　　4　サイズ

5　毎日、べんきょうして　いますが、日本語が　（　　　）じょうずに　なりま
せん。
　　1　すぐ　　　　　　　2　かなり　　　　　3　すっかり　　　　　4　なかなか

6　毎年　4月に　なると、にわに　うえた　さくらの　花が　（　　　）。
　　1　おきます　　　　　2　うまれます　　　3　さきます　　　　　4　あきます

7　そうだんしたいことが　あるので、先生の　（　　　）が　いい　日を　聞き
ました。
　　1　きかい　　　　　　2　つごう　　　　　3　よやく　　　　　　4　きそく

8　わたしは　うたが　あまり　じょうずじゃないので、みんなの　前で　うたう
のは　（　　　）です。
　　1　はずかしい　　　2　おとなしい　　　3　じゅうぶん　　　4　じょうぶ

言い換え類義 Paraphrases

_____の ぶんと だいたい おなじ いみの ぶんが あります。1・2・3・4
から いちばん いい ものを ひとつ えらんで ください。

1 わたしの しゅみは どくしょです。

1 わたしは 本を 読むのが すきです。

2 わたしは 花を そだてるのが すきです。

3 わたしは えを かくのが すきです。

4 わたしは おかしを つくるのが すきです。

2 わたしは この かいしゃで いやな しごとが ありません。

1 わたしは この かいしゃで したい しごとが ありません。

2 わたしは この かいしゃで したくない しごとが ありません。

3 わたしは この かいしゃで むずかしいと おもう しごとが ありません。

4 わたしは この かいしゃで やさしいと おもう しごとが ありません。

3 じてんしゃが こわれました。

1 じてんしゃを しゅうりしました。

2 じてんしゃが こしょうしました。

3 じてんしゃを じゅんびしました。

4 じてんしゃが はっけんされました。

4 おおぜいで パーティーを しました。

1 パーティーは とても 長かったです。

2 パーティーは とても みじかかったです。

3 パーティーに 人が たくさん 来ました。

4 パーティーに 人が 少ししか 来ませんでした。

<table>
<tr><td>第1週</td><td>5日目</td></tr>
</table>

目標解答時間　20分

_______月______日

漢字読み　Kanji reading

　　　　の　ことばは　ひらがなで　どう　かきますか。1・2・3・4から　いちばん　いい　ものを　ひとつ　えらんで　ください。

1　姉は　大学生です。

　　1　あね　　　　　　2　いもうと　　　　3　あに　　　　　4　おとうと

2　友だちを　招待しました。

　　1　しょかい　　　　2　しょたい　　　　3　しょうかい　　4　しょうたい

3　父に　とけいを　直して　もらいました。

　　1　もどして　　　　2　なおして　　　　3　かえして　　　4　わたして

4　広い　へやに　すんで　います。

　　1　やすい　　　　　2　せまい　　　　　3　たかい　　　　4　ひろい

5　6月に　結婚しました。

　　1　けっこん　　　　2　けっごん　　　　3　きっこん　　　4　きっごん

6　血が　出て　います。

　　1　ち　　　　　　　2　ぢ　　　　　　　3　し　　　　　　4　じ

7　学校で　この　きょくを　習いました。

　　1　うたいました　　　　　　　　　　2　つかいました
　　3　ならいました　　　　　　　　　　4　おこないました

表記 Orthography

　　　＿＿＿の　ことばは　どう　かきますか。1・2・3・4から　いちばん　いい　ものを　ひとつ　えらんで　ください。

1 外国で　はたらいて　います。

1　働いて　　　　2　働らいて　　　　3　動いて　　　　4　動らいて

2 あつい　本を　読むのは、時間が　かかります。

1　太い　　　　2　熱い　　　　3　暑い　　　　4　厚い

3 ボタンを　おして　ください。

1　挿して　　　　2　押して　　　　3　指して　　　　4　担して

4 車を　かりて　きました。

1　貸りて　　　　2　借りて　　　　3　賃りて　　　　4　惜りて

5 この　学校では　きゅうしょくが　出ます。

1　級食　　　　2　級色　　　　3　給食　　　　4　給色

文脈規定 Contextually-defined expressions

（　　　）に　なにを　いれますか。1・2・3・4から　いちばん　いい　ものを
ひとつ　えらんで　ください。

1　900円の　本を　買うとき、1,000円　出すと、（　　　）は　100円です。

　　1　おつり　　　　　2　おれい　　　　　3　おかし　　　　　4　おかね

2　この　トイレは　こしょうして　いますから、あちらの　トイレを　（　　　）
　　して　ください。

　　1　じゅんび　　　　2　けいけん　　　　3　りよう　　　　　4　しゅうり

3　ゆうべから　（　　　）ゆきが　ふって　います。

　　1　それほど　　　　2　ちゃんと　　　　3　なるべく　　　　4　ずっと

4　じぶんが　わるいと　おもったら、すぐに　（　　　）ほうが　いいです。

　　1　あやまった　　　　　　　　　　　2　いのった

　　3　かんしゃした　　　　　　　　　　4　きんちょうした

5　あじが　（　　　）ので、もう少し　しおを　入れて　ください。

　　1　こい　　　　　　2　うすい　　　　　3　あつい　　　　　4　ほそい

6　この　クラスは　20人ですから、5人ずつ　4つの　（　　　）になって　ゲー
　　ムを　しましょう。

　　1　メンバー　　　　2　グループ　　　　3　レベル　　　　　4　コース

7　ここに　ある　ペンを　つかっても　いいですが、つかった　後は　ここに
　　（　　　）ください。

　　1　うつして　　　　2　かえて　　　　　3　あずけて　　　　4　もどして

8　ふゆやすみに　かぞくりょこうを　（　　　）して　います。

　　1　あんない　　　　2　さんせい　　　　3　けいかく　　　　4　よしゅう

言い換え類義 Paraphrases

　　　　の ぶんと だいたい おなじ いみの ぶんが あります。1・2・3・4 から いちばん いい ものを ひとつ えらんで ください。

1　そふは とても 元気です。

1　わたしの おじさんは とても 元気です。
2　わたしの おばさんは とても 元気です。
3　わたしの おじいさんは とても 元気です。
4　わたしの おばあさんは とても 元気です。

2　わたしは かれの 話を しんじて います。

1　わたしは かれの 話は ほんとうだと おもって います。
2　わたしは かれの 話は うそだと おもって います。
3　わたしは かれの 話は りっぱだと おもって います。
4　わたしは かれの 話は しつれいだと おもって います。

3　この テーブルは じょうぶです。

1　この テーブルは おもくて はこびにくいです。
2　この テーブルは かるくて はこびやすいです。
3　この テーブルは つよくて こわれにくいです。
4　この テーブルは よわくて こわれやすいです。

4　そろそろ きゅうけいしましょう。

1　そろそろ はじめましょう。
2　そろそろ 出かけましょう。
3　そろそろ おわりましょう。
4　そろそろ やすみましょう。

用法 Usage

　つぎの　ことばの　つかいかたで　いちばん　いい　ものを　1・2・3・4から　ひとつ　えらんで　ください。

1 ずいぶん

1　わたしは　サッカーが　ずいぶん　すきです。

2　ずいぶん　せが　のびましたね。

3　ケーキは　まだ　ありますから、ずいぶん　食べて　ください。

4　むずかしくて　ずいぶん　わかりません。

2 つもる

1　お金が　つもったら、りょこうしたいです。

2　りんごは　その　はこの　中に　つもって　います。

3　ハンバーグの　上に　ソースが　つもって　います。

4　あさ　まどを　あけると、ゆきが　つもって　いました。

3 あいさつ

1　わからない　もんだいが　あったので、先生に　あいさつを　しました。

2　こまって　いる　おばあさんに　「てつだいましょうか」　と　あいさつを　しました。

3　えきで　会った　友だちに　あいさつを　しました。

4　友だちに　もらった　たんじょうびの　メッセージに　あいさつを　しました。

4 じだい

1　25さいの　じだいに　けっこんしました。

2　車が　なかった　じだいは　うまを　つかって　いました。

3　きょねんの　じだいは　みじかい　スカートが　人気が　ありました。

4　わかい　じだいは　いろいろな　けいけんを　したほうが　いいです。

<ruby>文<rt>ぶん</rt></ruby>の<ruby>組<rt>く</rt></ruby>み<ruby>立<rt>た</rt></ruby>て　Sentence composition

　___★___ に入る　ものは　どれですか。1・2・3・4から　いちばん　いい　ものを
ひとつ　えらんで　ください。

1　その　パーティーに ＿＿＿ ＿＿＿ ＿＿＿ ＿★＿ <ruby>教<rt>おし</rt></ruby>えて　ください。

　　1　行く　　　　　2　が　　　　　　3　だれ　　　　　4　か

2　そふは　<ruby>病気<rt>びょうき</rt></ruby>に　ならない ＿＿＿ ＿＿＿ ＿＿＿ ＿★＿ して　いるそ
うです。

　　1　ものを　　　　2　ように　　　　3　食べることに　4　いろいろな

3　<ruby>日曜日<rt>にちようび</rt></ruby>は ＿＿＿ ＿★＿ ＿＿＿ ＿＿＿ に　しました。

　　1　こと　　　　　2　行く　　　　　3　見に　　　　　4　<ruby>映画<rt>えいが</rt></ruby>を

4　バスケットボールを　見るのは ＿＿＿ ＿★＿ ＿＿＿ ＿＿＿ ではあり
ません。

　　1　とくい　　　　2　<ruby>好<rt>す</rt></ruby>き　　　　3　するのは　　　4　ですが

第2週　2日目

目標解答時間　15分

＿＿＿＿＿月＿＿＿＿＿日

用法 Usage

　つぎの　ことばの　つかいかたで　いちばん　いい　ものを　1・2・3・4から　ひとつ　えらんで　ください。

1　あきらめる

1　行きたい　大学に　ごうかくしたので、ほかの　大学を　あきらめました。

2　ホテルの　よやくを　あきらめる　ばあい、お金が　かかります。

3　しあいに　まけることを　かんがえるのは　あきらめて、かつことだけ　かんがえましょう。

4　せいかつが　くるしいですが、しんがくを　あきらめたくないです。

2　こまかい

1　マリアさんは　せが　高くて、手や　足が　こまかいです。

2　さいふに　こまかい　お金が　ありません。

3　むすこは　まだ　こまかいので、一人で　ねられません。

4　この　みちは　こまかいですから、車に　気を　つけて　ください。

3　きんじょ

1　きんじょに　スーパーが　あると、べんりです。

2　エレベーターは　トイレの　きんじょに　あります。

3　かれの　年と　わたしの　年は　きんじょです。

4　ここから　えきまで　きんじょです。

4　きゅうに

1　友だちが　あそびに　来るので、きゅうに　かえります。

2　タクシーより　電車の　ほうが　きゅうに　つきます。

3　じゅぎょう中、きゅうに　おなかが　いたくなった。

4　いえに　ついたら、きゅうに　電話して　くださいね。

文の組み立て　Sentence composition

　＿＿＿★＿＿に入る　ものは　どれですか。1・2・3・4から　いちばん　いい　ものを
ひとつ　えらんで　ください。

1　森田「元気が　ありませんね。どう　したんですか。」

　　　中山「きのう　＿＿＿＿　＿＿＿＿　＿★＿＿　＿＿＿＿　しまったんです。それで、
　　　　　頭が　とても　痛いんです。」

　　1　お酒を　飲み　　　　　　　　　　2　テストに　合格して

　　3　うれしくて　　　　　　　　　　　4　すぎて

2　子どもの　とき、宿題を　しても、学校に　＿＿＿＿　＿★＿＿　＿＿＿＿　＿＿＿＿
多くて、よく　先生に　しかられました。

　　1　ことが　　　　　2　のを　　　　　3　持っていく　　　4　わすれる

3　道に　さいふが　＿★＿＿　＿＿＿＿　＿＿＿＿　＿＿＿＿　けいさつに　とどけました。

　　1　ので　　　　　　2　いた　　　　　3　おちて　　　　　4　ひろって

4　資料を　＿＿＿＿　＿＿＿＿　＿＿＿＿　＿★＿＿　ください。

　　1　ながら　　　　　2　聞いて　　　　3　見　　　　　　　4　説明を

第2週　3日目

目標解答時間　15分

＿＿＿＿月＿＿＿＿日

用法 Usage

　つぎの　ことばの　つかいかたで　いちばん　いい　ものを　1・2・3・4から　ひとつ　えらんで　ください。

1　つごう

1　今日は　友だちと　会う　つごうが　あります。

2　ちょっと　つごうが　わるいので、びょういんへ　行きます。

3　つごうが　よければ、あした　いっしょに　しょくじを　しませんか。

4　母の　たんじょうびには　すてきな　プレゼントを　つごうして　います。

2　しゅうり

1　テレビが　こわれたので、しゅうりして　もらいます。

2　おれた　うでを　いしゃに　しゅうりして　もらいました。

3　この　かんじは　まちがって　いるので、しゅうりして　ください。

4　先生に　はつおんを　しゅうりして　もらいました。

3　じゆう

1　わたしは　目が　わるいですが、めがねを　すれば　じゆうに　見えます。

2　この　ふくは　サイズが　じゆうなので　きやすいです。

3　ここの　トイレは　じゆうだから、入れますよ。

4　テストが　おわった　人は　じゆうに　外へ　出て　ください。

4　おいわい

1　お金もちに　なれるように、おいわいしました。

2　あねが　大学を　そつぎょうしたので、おいわいします。

3　スーパーの　サービスけんを　もらったので、かぞくで　おいわいします。

4　今日は　いい　天気で　きもちが　いいので、おいわいします。

文の組み立て　Sentence composition

＿＿★＿＿に入る　ものは　どれですか。1・2・3・4から　いちばん　いい　ものを
ひとつ　えらんで　ください。

1　来年は　毎日　＿＿＿　＿＿＿　★＿＿＿　＿＿＿　と　思います。

　　1　勉強　　　　　　2　6時に　　　　　3　しよう　　　　　4　起きて

2　俊二「彩さんは　ここで　＿＿＿　＿＿＿　★＿＿＿　＿＿＿　そうですよ。」
　　夏美「私たちも　気を　つけましょう。」

　　1　入った　　　　　2　パスポートが　　3　ぬすまれた　　　4　かばんを

3　ちゃんと　＿＿＿　＿＿＿　★＿＿＿　＿＿＿、失敗しました。

　　1　とおりに　　　2　本に　　　　　3　やったのに　　　4　書いて　ある

4　この　広い　＿＿＿　＿＿＿　★＿＿＿　＿＿＿　います。

　　1　そだてられて　　2　5種類の　　　　3　はたけでは　　　4　野菜が

第2週　4日目

目標解答時間　15分

＿＿＿月＿＿＿日

用法 Usage

つぎの　ことばの　つかいかたで　いちばん　いい　ものを　1・2・3・4から　ひとつ　えらんで　ください。

1　おる

1　テストを　はじめますから、本を　おって　ください。

2　ふくを　ぬいだら、きれいに　おって　ください。

3　じゃまな　木の　えだを　おって、すてました。

4　くびが　いたくて、おることが　できません。

2　テーマ

1　さくぶんの　テーマは、「しょうらい　したいこと」です。

2　ほしい　本の　テーマを　わすれて、本が　買えませんでした。

3　かれは　テーマが　おおくて、いつも　みんなを　わらわせます。

4　わたしが　日本に　来た　テーマは、大学に　入ることです。

3　たのしみ

1　クラスで　りょこうしたことが、いちばんの　たのしみです。

2　なつやすみに　かぞくに　会えるのが、たのしみです。

3　きのう　たのしみな　ことが　ありましたか。

4　この　かしゅは　いつも　たのしみな　うたを　うたいます。

4　もうすぐ

1　わたしの　いえは　学校に　もうすぐです。

2　えきに　ついたら、もうすぐ　電車が　来ました。

3　もうすぐ　しけんなので、ふくしゅうして　おきます。

4　よる　おそいから、もうすぐ　かえって　くれれば　いいのに。

| 文の組み立て Sentence composition |

　____★____ に入る　ものは　どれですか。1・2・3・4から　いちばん　いい　ものを
ひとつ　えらんで　ください。

1　赤ちゃんが　起きて　＿＿＿＿　＿＿＿＿　＿★＿＿　＿＿＿＿　くださいね。

　　1　して　　　　　　2　から　　　　　　3　しまいます　　4　しずかに

2　学生Ａ「ねえ、聞いた？　今日　このクラスに　中国から　＿＿＿＿　＿＿＿＿

　　　　　＿★＿＿　＿＿＿＿　らしいよ。」

　　学生Ｂ「え、本当に？　早く　会いたいなあ。」

　　1　学生が　　　　　　2　新しい　　　　　3　入る　　　　　　4　来た

3　毎日　＿＿＿＿　＿＿＿＿　＿★＿＿　＿＿＿＿　から、会社へ　行きます。

　　1　朝ご飯を　　　　　　　　　　　　　2　後で

　　3　お皿を　あらって　　　　　　　　　4　食べた

4　この　国は　一年中　＿＿＿＿　＿＿＿＿　＿＿＿＿　＿★＿＿　は特別です。

　　1　暑さ　　　　　2　暑い　　　　　3　今日の　　　　　4　ですが

第2週　5日目

用法 Usage

つぎの　ことばの　つかいかたで　いちばん　いい　ものを　1・2・3・4から　ひとつ　えらんで　ください。

1　このごろ

1　このごろ　えきで　先生に　会いました。

2　リンさんは　このごろ　元気が　ありません。

3　ちかくに　このごろ　スーパーが　できるそうです。

4　このごろ　食べたので、おなかが　すいて　いません。

2　みがく

1　セーターに　ねこの　けが　ついたので、みがきます。

2　ねむく　なったので、つめたい　水で　かおを　みがきました。

3　1日に　3かい　しょくじの　後で　はを　みがきます。

4　1週間に　1かい　そうじきで　へやを　みがきます。

3　こえ

1　上の　へやの　人が　あるく　こえが　聞こえます。

2　あの　かしゅは　こえが　とても　きれいです。

3　ここは　電車の　こえが　うるさいです。

4　日本語の　こえが　むずかしいです。

4　ねっしん

1　字が　うすいですから、もう少し　ねっしんに　書いて　ください。

2　母が　たおれたと　聞いて、ねっしんに　びょういんまで　はしりました。

3　子どもが　ねっしんに　ねて　いて　名前を　よんでも　おきません。

4　学生たちは　ねっしんに　じゅぎょうを　聞いて　います。

文の組み立て Sentence composition

　____★____に入る　ものは　どれですか。1・2・3・4から　いちばん　いい　ものを
ひとつ　えらんで　ください。

1　タマンさんは　____　____　__★__　____　ですよ。

　　1　お酒を　　　　　　2　はず　　　　　　3　飲まない　　　　4　つよい

2　スーさんは　今も　____　____　____　__★__　そうです。

　　1　いただいた　　　　　　　　　　2　先生から
　　3　ペンを　大切に　　　　　　　　4　持って　いる

3　来週の　水曜日　__★__　____　____　____　です。

　　1　が　　　　　　　　　　　　　　2　に
　　3　漢字の　テスト　　　　　　　　4　あるそう

4　A「仕事、たいへんそうだけど、大丈夫ですか。」
　　　B「大丈夫ですよ。仕事は　たいへん　____　____　__★__　____
　　　　うれしいです。」

　　1　ほど　　　　　　2　たいへんな　　　3　おわったとき　　4　なら

第3週　1日目

文法形式の判断 Selecting grammar form

（　　　　）に　何を　入れますか。1・2・3・4から　いちばん　いい　ものを　一つ　えらんで　ください。

1　雨が　たくさん　ふって　いた（　　　　）、外で　テニスを　しました。
　　1　のを　　　　　　2　のに　　　　　　3　ので　　　　　4　のが

2　これは　インターネット（　　　　）買うことが　できます。
　　1　に　　　　　　　2　で　　　　　　　3　が　　　　　　4　と

3　私は　（　　　　）母と　京都へ　行きました。
　　1　夏休みへ　　　　2　夏休みを　　　　3　夏休みに　　　4　夏休みや

4　新幹線は　午後5時に　東京駅に　着く（　　　　）です。
　　1　つもり　　　　　2　だろう　　　　　3　よてい　　　　4　こと

5　図書室の　かぎは　（　　　　）持って　いますか。
　　1　だれを　　　　　2　だれに　　　　　3　だれと　　　　4　だれが

6　ビジャエ「先生、この　漢字は　（　　　　）書けば　いいですか。」
　　　　先生　　「見て　ください。こう　書きますよ。」
　　1　どういう　　　　2　どう　　　　　　3　どんなに　　　4　どのくらい

7　（　　　　）試験が　終わったので、遊びに　行けます。
　　1　いつか　　　　　2　もうすぐ　　　　3　たまに　　　　4　やっと

8　アウン　　「オタベクさん、その　じしょを　返して　くれませんか。」
　　　　オタベク「すみません。（　　　　）使って　います。あと　10分　待って
　　　　　　　　　ください。」
　　1　もう　　　　　　2　きっと　　　　　3　まだ　　　　　4　ぜひ

9　グルン　「ハーさんは　日本語と　英語が　話せますか。」

　　ハー　　「日本語は　話せますが、英語（　　　）　話せません。」

　1　は　　　　　　　　2　に　　　　　　　　3　も　　　　　　　　4　や

10　私が　テレビを　見て　いると、母は　いつも　「テレビを　見て　いないで
　（　　　）。」と　言います。

　1　勉強するな　　　　　　　　　　　　2　勉強しても　いいですか
　3　勉強しなさい　　　　　　　　　　　4　勉強しようと　思います

11　（学校で）

　　アンドリュー　「あれ？　今日、ようこさんは　休みですか。」

　　マイケル　　　「いいえ。一緒に　勉強する　約束を　して　いるから、

　　　　　　　　　もうすぐ　（　　　）よ。」

　1　来るかもしれません　　　　　　　2　来ないと　思います
　3　来たら　いいです　　　　　　　　4　来るはずです

12　この　字は　小さいですが、めがねを　（　　　）、読めます。

　1　かければ　　　　　2　かけたり　　　　　3　かけても　　　　　4　かけるか

13　（食堂で）

　　山下　「あ！　南さんの　お弁当、おいしそう。」

　　南　「最近、（　　　）。」

　　山下　「へー、南さんは　料理が　できるんだね。私も　自分で　作って　み
　　　　　よう。」

　1　作って　もらって　いるんだ　　　2　作って　あげて　いるんだ
　3　作るように　なったんだ　　　　　4　作って　いる　みたいなんだ

文章の文法 Text grammar

| 1 | から | 4 | に 何を 入れますか。文章の 意味を 考えて、1・2・3・4から いちばん いい ものを 一つ えらんで ください。

下の 文章は 日本語学校を 卒業した 人が 書いた 手紙です。

1　高田先生へ

　　おひさしぶりです。お元気ですか。
　　私は、日本語学校を 卒業してから、専門学校で ビジネスの 勉強を
　して、今は 東京の 焼き肉レストランで 働いて います。仕事は と
5　ても いそがしいですが、毎日 楽しいです。先輩たちは 私に とても
　親切に 仕事を 　1　。
　　先日、店長に 私が 働いて いる レストランの 招待券を もらっ
　た 　2　、高田先生に プレゼントします。来月の 1日から 3か月
　間 使えます。先生も おいそがしいと 思いますが、ひさしぶりに お
10　話が したいので、　3　 お店に 来て ください。先生が 来る
　日が わかったら、クラスメートも 　4　。
　　暑い 日が 続いて いますが、お体に 気を つけて ください。
　　お返事を お待ちして います。

　　　　　　　　　　　　　　　　　　　　　　　　2022年8月

15　　　　　　　　　　　　　　　　　　　　　　ライ・カユウ

1

1　教えて　あげて　います
2　教えられて　います
3　教えて　くれます
4　教えて　もらいます

2

1　ので　　　　　2　のに　　　　　3　のが　　　　　4　のは

3

1　もちろん　　　2　ぜひ　　　　　3　けっこう　　　4　すっかり

4

1　さそわれるでしょう
2　さそうはずです
3　さそわせましょう
4　さそうつもりです

第3週　2日目

目標解答時間　15分

＿＿＿月＿＿＿日

文法形式の判断 Selecting grammar form

（　　　）に　何を　入れますか。1・2・3・4から　いちばん　いい　ものを　一つ　えらんで　ください。

1　（アルバイトの店で）
　　店長「カンさん、ずいぶん　日本語が　上手ですね。国でも　日本語を　勉強
　　　　しましたか。」
　　カン「いいえ、日本に　来てからです。国（　　　）勉強して　いません。」
　　1　でも　　　　　　　2　では　　　　　　　3　にも　　　　　　　4　には

2　外から　子どもが　遊んで　いる　こえ（　　　）します。とても　楽しそ
　　うです。
　　1　が　　　　　　　　2　を　　　　　　　　3　に　　　　　　　　4　で

3　伊藤部長に　会議は　10時からに　なった（　　　）伝えて　いただけませんか。
　　1　を　　　　　　　　2　か　　　　　　　　3　が　　　　　　　　4　と

4　夜、道で　友だちと　さわいで　いたとき、近所の　人に「うるさい。さわぐ
　　な。しずかに　（　　　）。」と　おこられた。
　　1　する　　　　　　　2　しよう　　　　　　3　しろ　　　　　　　4　するな

5　観光客「すみません。この　寺の　前で　写真を　（　　　）。」
　　町の人「ええ、いいですよ。この　ボタンを　押せば　いいんですね。」
　　1　とって　いただけませんか　　　　　　2　とったほうが　いいですか。
　　3　とりましょうか　　　　　　　　　　　4　とったら　いいですか

6　この　料理は　食べたことが　ないので、おいしいか（　　　）か　わかりま
　　せん。
　　1　なに　　　　　　　2　どんな　　　　　　3　どう　　　　　　　4　いかが

7 （駅で）

リー「すみません、みなみ駅へ　行きたいんですが……。」

駅員「みなみ駅（　　　　）、3番線に　来る　電車に　乗って、5つ目ですよ。」

1　にも　　　　　　　2　でも　　　　　　　3　から　　　　　　　4　なら

8 戸田「時間が　ないので、駅まで　タクシーに　乗って（　　　　）。」

高野「そうしましょう。」

1　行きましょう　　2　来ましょう　　　3　いましょう　　　4　おきましょう

9 今、家を　出た（　　　　）なので、あと　10分ぐらいで　そちらに　着きます。

1　とき　　　　　　　2　ばあい　　　　　3　つもり　　　　　4　ところ

10 きのう、部長に　言われて、あしたから　大阪へ　出張する（　　　）　なり

ました。

1　ために　　　　　　2　とおりに　　　　3　ことに　　　　　4　ように

11 学生「先生、さくら大学に　合格しました。」

先生「（　　　　）は　よかったですね。おめでとうございます。」

1　これ　　　　　　　2　それ　　　　　　3　あれ　　　　　　　4　どれ

12 （会社で）

社員「社長、今日の　新聞を　（　　　　）か。」

社長「うん。うちの　会社の　ことが　よく　書かれて　いたね。」

1　読ませて　いただきました　　　　　　2　お読みに　なりました

3　読ませられました　　　　　　　　　　4　お読み　しました

13 （会社で）

金澤　「五十嵐さんは、何か　運動を　して　いますか。」

五十嵐「特に　して　いませんが、（　　　　）。」

金澤　「だから、いつも　エレベーターを　使わないんですね。」

1　歩くように　しています　　　　　　　2　歩こうと　思って　います

3　歩いたことが　あります　　　　　　　4　歩く　予定です

文章の文法 Text grammar

　1　から　4　に　何を　入れますか。文章の　意味を　考えて、1・2・3・4から　いちばん　いい　ものを　一つ　えらんで　ください。

下の　文章は　留学生の　作文です。

私の　しゅみ

サラ・モーガン

　私の　しゅみは　料理です。　1　、日本に　来たばかりの　ときは、ぜんぜん　作れませんでした。いっしょに　住んで　いる　友だちが　料理が　上手だったので、友だちに　2　。

　去年の　冬に　その　友だちが　インフルエンザに　なって　しまいました。起きるのも　大変そうだし、ご飯も　食べられませんでした。私は国の　母に　電話を　かけて、私の　国で　かぜを　ひいたときに　食べる　チキンスープの　作り方を　聞いて、友だちに　作って　あげました。友だちは　「ありがとう。とても　おいしい。」と　言って　くれました。それが　うれしくて、私は　料理を　始めました。

　今、日本に　来て　2年に　なりますが、いろいろな　料理が　3　。ときどき　友だちを　呼んで、家で　食事会を　開いて　います。みんなが　よろこんで　くれるの　4　、とても　うれしいです。

1

  1　それで　　　　2　それに　　　　3　しかし　　　　4　だから

2

  1　作って　あげて　いました　　　　2　作って　もらって　いました
  3　作られて　いました　　　　4　作らされて　いました

3

  1　できそうです　　　　2　できるそうです
  3　できることに　なりました　　　　4　できるように　なりました

4

  1　が　　　　　　2　を　　　　　　3　に　　　　　　4　と

第3週　3日目

目標解答時間　15分

＿＿＿＿月＿＿＿＿日

文法形式の判断　Selecting grammar form

（　　　）に　何を　入れますか。1・2・3・4から　いちばん　いい　ものを　一つ　えらんで　ください。

1　客「すみません。この　セーターは　どうやって　（　　　）いいですか。」
　　店員「せんたくきは　使えません。手で　あらって　ください。」

1　あらって　　　　2　あらいます　　　3　あらっても　　　4　あらったら

2　ジェームズ「アリソンさん、日本旅行では、いろいろな　町へ　行きましたか。」
　　アリソン「あまり　時間が　ありませんでしたから、東京しか　（　　　）。」

1　行きました　　　　　　　　　　2　行きませんでした
3　行って　いました　　　　　　　4　行けません

3　母「あたたかい　服を　着ないと、かぜを　（　　　）よ。」
　　子「わかったよ。」

1　ひかせられる　　2　ひいて　おく　　3　ひいて　いる　　4　ひいて　しまう

4　この　国では、ときどき　雪が　ふる（　　　）が　あります。

1　こと　　　　　　2　もの　　　　　　3　よう　　　　　　4　そう

5　ピエール「クアンさん、しゅくだいは　終わりましたか。」
　　クアン「いいえ、（　　　）終わって　いません。」

1　もう　　　　　　2　まだ　　　　　　3　やっと　　　　　4　もっと

6　真希「康太くん、見て。『この　ごみ箱に　缶を　（　　　）』と　書いて　ある。」
　　康太「でも、その　ごみ箱には　ジュースの　缶が　たくさん　入って　いるよ。」
　　真希「ルールを　守らない　人が　多いんだね。」

1　すてるな　　　　　　　　　　　2　すてろ
3　すてよう　　　　　　　　　　　4　すてて　ください

7 私の　むすめは　4月に　小学生に　（　　　）です。

1　なるほど　　　　　　　　　　　　2　なりやすい

3　なった　ばかり　　　　　　　　4　なろう

8 車を　買うため（　　　）　お金を　ためて　います。

1　が　　　　　　2　で　　　　　　3　に　　　　　　4　を

9 （駅で）

客　「あの、かえで町へ　行きたいのですが。」

駅員「それなら　3番線の　電車に　（　　　）。」

1　乗りませんか　　　　　　　　　2　乗らせて　ください

3　お乗り　します　　　　　　　　4　お乗り　ください

10 絵里奈「私、この　歌手が　大好きなんですよ。真一くん、今度　いっしょに

コンサートへ　行きましょうよ。」

真一　「いいですよ。でも、その　歌手を　知りません。今度　歌を　（　　　）

ね。」

1　聞いて　みて　　　　　　　　　2　聞いて　みます

3　聞いて　いて　　　　　　　　　4　聞いて　います

11 先週、海へ　行った　（　　　）、おいしい　魚料理を　食べました。

1　と　　　　　　2　とき　　　　　3　なら　　　　　4　ば

12 鈴木「私の　家は　わかり（　　　）　場所に　あるので、気を　つけて

来てください。」

高橋「はい、地図を　見ながら　行きますね。それでも　まよったら、鈴木さ

んに　電話します。」

1　にくい　　　　2　やすい　　　　3　にくくて　　　4　やすくて

13 レミ　「クロエさん、1時間も　（　　　）　ごめんなさい。」

クロエ「大丈夫ですよ。カフェで　本を　読んで　いましたから。」

1　待つと　　　　2　待たせて　　　3　待たれて　　　4　待って　いて

文章の文法 Text grammar

□1□ から □4□ に 何を 入れますか。文章の 意味を 考えて、1・2・3・4から いちばん いい ものを 一つ えらんで ください。

下の 文章は 留学生の 作文です。

沖縄旅行

アンダーソン・コリン

　私は　この前　沖縄へ　遊びに　行きました。友だちの　ひかるくんの　家族が　沖縄に　住んで　いて、彼が　夏休みに　沖縄に　帰るとき、私を　□1□　のです。ひかるくんの　家は　とても　広いです。そこに　ご両親と　おばあさんが　住んで　います。ひかるくんの　お兄さんは　外国に　住んで　います。お兄さんの　部屋が　空いて　いて、私は　そこに　泊まりました。お兄さんの　部屋の　窓からは　海が　□2□。私は　海が　好きなので、とても　うれしかったです。

　ひかるくんの　おばあさんは　100歳ですが、とても　元気です。おばあさんに　元気の　ひみつを　教えて　もらいました。おばあさんの　話に　よると、沖縄の　黒い　さとうが　健康に　とても　□3□。私も　食べて　みましたが、ふつうの　さとうと　違う　味が　して、おいしかったです。おみやげに　その　さとうで　作った　お菓子を　買って　きました。両親にも　□4□、国に　送ります。きっと　よろこぶと　思います。

1

1 招待して　くれた　　　　2 招待して　あげた
3 招待させて　もらった　　4 招待させられた

2

1 見せました　　　　　　　2 見て　いました
3 見えました　　　　　　　4 見ました

3

1 よさそうです　　　　　　2 いいそうです
3 よすぎます　　　　　　　4 いいはずです

4

1 食べさせたいのに　　　　2 食べて　あげたいから
3 食べて　みたいから　　　4 食べて　ほしいので

第3週 4日目

目標解答時間 15分

＿＿＿＿月＿＿＿＿日

文法形式の判断 Selecting grammar form

（　　　　）に 何を 入れますか。1・2・3・4から いちばん いい ものを 一つ えらんで ください。

1 佐々木「中野さんは 運動を しますか。」
坂本 「ええ、中野さんは テニス（　　　）上手ですよ。」
1 を　　　　　　2 が　　　　　　3 で　　　　　　4 に

2 母「携帯電話を （　　　）、食事を しないで。」
子「わかったよ。」
1 使って　　　　2 使えば　　　　3 使うと　　　　4 使いながら

3 有希「圭太くん、夕飯の 材料は もう 買った?」
圭太「うん。さっき 買って きて、もう れいぞうこに （　　　）よ。」
1 入れて ある　　　　　　　　2 入れて みる
3 入れよう　　　　　　　　　　4 入れるように する

4 暗く なる 前に 帰った （　　　）が いいですよ。
1 こと　　　　　　2 とき　　　　　3 もの　　　　　4 ほう

5 トニー「ローラさんは 次の 週末に 何を しますか。」
ローラ「部屋を そうじ（　　　）と 思って います。」
1 したら　　　　2 しよう　　　　3 しないで　　　　4 しそうだ

6 アルノ「すみません、松下さん、この 漢字は 何（　　　）読みますか。」
松下 「『しようちゅう』ですよ。」
1 に　　　　　　2 が　　　　　　3 と　　　　　　4 を

7 （　　　）するほど、いい 絵が かけるように なりますよ。
1 練習すれば　　2 練習して　　　3 練習すると　　　4 練習したら

8 この 本は あまり（　　）と思<ruby>思<rt>おも</rt></ruby>います。

1　おもしろい　　　　　　　　2　おもしろかった

3　おもしろくて　　　　　　　4　おもしろくない

9 <ruby>石田<rt>いしだ</rt></ruby>「<ruby>会議室<rt>かいぎしつ</rt></ruby>の　かぎは　どこに　あるか　<ruby>知<rt>し</rt></ruby>って　いますか。」

<ruby>川井<rt>かわい</rt></ruby>「<ruby>大島課長<rt>おおしまかちょう</rt></ruby>が（　　　）よ。さっきまで　<ruby>大島課長<rt>おおしまかちょう</rt></ruby>が　<ruby>会議室<rt>かいぎしつ</rt></ruby>を　<ruby>使<rt>つか</rt></ruby>って　いましたから。」

1　<ruby>持<rt>も</rt></ruby>って　いる　はずです　　　2　<ruby>持<rt>も</rt></ruby>てるようです

3　<ruby>持<rt>も</rt></ruby>ったことが　あります　　　4　<ruby>持<rt>も</rt></ruby>って　おきます

10 ラム「<ruby>仕事<rt>しごと</rt></ruby>を（　　　）。」

セン「そうですか。<ruby>私<rt>わたし</rt></ruby>は　さびしいですが、ラムさんが　よく　<ruby>考<rt>かんが</rt></ruby>えて　<ruby>決<rt>き</rt></ruby>めたことですよね。」

ラム「はい。<ruby>仕事<rt>しごと</rt></ruby>を　やめて、<ruby>大学<rt>だいがく</rt></ruby>に　<ruby>行<rt>い</rt></ruby>きます。」

1　やめたく　なりました　　　　2　やめるらしいです

3　やめることに　しました　　　4　やめるかもしれません

11 <ruby>兄<rt>あに</rt></ruby>「ねえ、いっしょに　この　<ruby>映画<rt>えいが</rt></ruby>を　<ruby>見<rt>み</rt></ruby>に　<ruby>行<rt>い</rt></ruby>かない?」

<ruby>妹<rt>いもうと</rt></ruby>「<ruby>私<rt>わたし</rt></ruby>は　もう　<ruby>見<rt>み</rt></ruby>て　しまったけど、お<ruby>母<rt>かあ</rt></ruby>さんが（　　　）から、さそって　みたら?」

1　<ruby>見<rt>み</rt></ruby>たい　　　　　　　　　　2　<ruby>見<rt>み</rt></ruby>て　ほしい

3　<ruby>見<rt>み</rt></ruby>たがって　いる　　　　　4　<ruby>見<rt>み</rt></ruby>ない

12 <ruby>外国語<rt>がいこくご</rt></ruby>を（　　　）<ruby>大変<rt>たいへん</rt></ruby>です。

1　<ruby>勉強<rt>べんきょう</rt></ruby>したのは　　　　　2　<ruby>勉強<rt>べんきょう</rt></ruby>するのは

3　<ruby>勉強<rt>べんきょう</rt></ruby>するために　　　　4　<ruby>勉強<rt>べんきょう</rt></ruby>したように

13 <ruby>先生<rt>せんせい</rt></ruby>「だれか　この　<ruby>箱<rt>はこ</rt></ruby>を　いっしょに　<ruby>運<rt>はこ</rt></ruby>んで　くれませんか。」

<ruby>学生<rt>がくせい</rt></ruby>「はい、<ruby>私<rt>わたし</rt></ruby>が（　　　）てつだい（　　　）。」

1　お／させます　　2　ご／させます　　3　お／します　　4　ご／します

文章の文法 Text grammar

1 から 4 に 何を 入れますか。文章の 意味を 考えて、1・2・3・4から いちばん いい ものを 一つ えらんで ください。

下の 文章は 留学生の 作文です。

たんじょうび

ハイネマン・クララ

先週の 火曜日は 私の たんじょうびでした。私の 国では、自分の たんじょうびに みんなに ケーキを あげる 習慣が あります。国に いるときは、母が 毎年 りんごのケーキを 作って くれて、学校に 持っていきました。 でも、今年 私は 日本に いますから、自分で ケーキを ┃ 1 ┃。母に 電話して、作り方を 聞きました。そして、母が 言った とおり ┃ 2 ┃ 作りました。

たんじょうびに、その ケーキを 持って 学校へ 行きました。休み時間に「私の たんじょうびケーキです。」と 言って、みんなに ケーキを くばりました。 みんなは「クララさん、おたんじょうび、おめでとう。」と ┃ 3 ┃。

次の 授業で、先生が「クララさん、おたんじょうびの スピーチを お願いします。」と 言いました。┃ 4 ┃、教室の 前に 行って、どんな 一年に したいか 話しました。急に スピーチを することに なって、はずかしかったですが、みんなに「いい 一年に してね。」と 言われて、うれしかったです。

---

[1]

1　焼く　つもりでした　　　　　2　焼いて　おきました
3　焼くことが　ありました　　　4　焼くことに　しました

[2]

1　で　　　　　2　に　　　　　3　を　　　　　4　の

[3]

1　言って　いただきました　　　2　言って　もらいました
3　言って　くれました　　　　　4　言って　あげました

[4]

1　それで　　　　2　しかし　　　　3　また　　　　4　それから

⏳ 目標解答時間 15分

📅 ＿＿＿＿月＿＿＿＿日

文法形式の判断 Selecting grammar form

（　　　）に 何を 入れますか。1・2・3・4から いちばん いい ものを 一つ えらんで ください。

1 時間が ない（　　　）、行けません。

1 で　　　　　2 ので　　　　　3 て　　　　　4 くて

2 友だちが アルバイト（　　　）しょうかいして くれました。

1 が　　　　　2 を　　　　　3 で　　　　　4 の

3 私が ケーキを 食べない（　　　）、好きではないからです。

1 のが　　　　　2 のに　　　　　3 のは　　　　　4 のを

4 母は 私に 妹（　　　）せわを させました。

1 を　　　　　2 の　　　　　3 に　　　　　4 が

5 わからないときは、えんりょしないで（　　　）聞いて ください。

1 いつ　　　　　2 いつか　　　　　3 いつでも　　　　　4 いつかは

6 トゥイ 「エリキンさん、それは 何ですか。」

エリキン「これは 『プロフ』（　　　）ウズベキスタンの 料理です。」

1 という　　　　　2 について　　　　　3 とか　　　　　4 によって

7 植村 「ドゥルグーンさんは 社長に なりましたね。」

小金井「ええ、彼は（　　　）あきらめませんでしたからね。」

1 かならず　　　　　2 けっして　　　　　3 なるべく　　　　　4 けっきょく

8 ヒシャンさん、テストの 前に、この 本を（　　　）と いいですよ。

1 よむはず　　　　　2 よみながら　　　　　3 よんで おく　　　　　4 よんだり

9　弟は　（　　　）　宿題を　わすれることが　あります。

1　たいてい　　　　　2　たまに　　　　　3　だいたい　　　　4　ちゃんと

10　父は　魚を　（　　　）　海へ　行きました。

1　つりに　　　　　　　　　　　　　　2　つりながら

3　つるか　どうか　　　　　　　　　　4　つったり

11　電車に　間に合う（　　　）に、家を　早く　出ました。

1　はず　　　　　2　ばあい　　　　　3　から　　　　　4　よう

12　（学校で）

ゼン「今日は　先生の　たんじょうびだから、パーティーを　しない?」

ホア「いいね。じゃ、私が　ケーキを　（　　　）。」

ゼン「ありがとう。ここで　待って　いるから、できるだけ　早く　帰って　き
　　　てね。」

1　買って　くるよ

2　買って　おいたよ

3　買わなくても　いいんだね

4　買って　いくよ

13　（公園で）

田村「見て!　あの　犬。」

林「あ、（　　　）ね。」

田村「うん。足が　いたそうだね。」

1　けがを　しそうだ

2　けがを　して　いるようだ

3　けがを　するかもしれない

4　けがを　して　いるそうだ

文章の文法 Text grammar

| 1 | から | 4 | に 何を 入れますか。文章の 意味を 考えて、1・2・3・4から いちばん いい ものを 一つ えらんで ください。

下の 文章は 留学生の 作文です。

1　　　　　　　　　　　　　　　日本の 生活

アシス・ラナ

　私は 今年の 9月に 日本へ 来ました。月曜日から 金曜日まで 日本語学校で 勉強して います。ひらがなと カタカナは 全部 覚え

5　ましたが、漢字　1　まだ 少ししか わかりません。早く 日本語が 上手に なりたいので、授業は 絶対に 休みません。

　授業が 終わったら アルバイトに 行きます。私は レストランで 野菜を 切ったり、お皿を 洗ったり して います。初めて 店長を 見たとき、とても こわかったです。　2　、こわいのは 顔だけで、

10　本当は やさしい 人でした。

　日本の 生活は、なれないことや 大変なことも ありますが、　3　。国に いる 家族は いつも 私を 応援して くれます。たまに 国に 帰りたいと 思うことも ありますが、今は 日本で　4　。

1

1　も　　　　　2　は　　　　　3　と　　　　　4　や

2

1　だから　　　　2　そして　　　　3　でも　　　　4　やはり

3

1　うれしくないです　　　　　2　うれしいです
3　たのしくないです　　　　　4　たのしいです

4

1　がんばって　いるそうです
2　がんばって　いくようです
3　がんばって　いくつもりです
4　がんばるためです

言葉を覚えよう２

動詞

□謝ります	apologize ／ 道歉 ／ xin lỗi, tạ lỗi ／ извиняться
□生きます	live ／ 生存，生活 ／ sống, tồn tại ／ жить; существовать
□祈ります	pray ／ 祈祷，祝愿，希望 ／ cầu nguyện ／ молиться
□植えます	plant ／ 种植，栽 ／ trồng (cây) ／ садить (семена; растение)
□受けます	receive ／ 接受，遭受，蒙受 ／ nhận, tiếp nhận ／ получать
□思い出します	remember ／ 想起，记起 ／ nhớ ra, nhớ về ／ вспоминать
□感動します	be moved; be impressed ／ 感动 ／ cảm động, xúc động ／ быть тронутым; восхищаться
□断ります	refuse ／ 拒绝 ／ từ chối ／ отказывать(ся)
□咲きます	bloom ／（花）开，绽放 ／ (hoa) nở ／ цвести; расцветать
□参加します	join ／ 参加 ／ tham gia, tham dự ／ принимать участие
□似合います	suit; match ／ 合适，般配，相称 ／ hợp, tương xứng ／ быть подходящим; идти
□濡れます	get wet ／ 沾湿，濡湿，湿透 ／ ướt ／ намокать; промокать
□役に立ちます	be useful ／ 起作用，有用，有益 ／ có ích, có tác dụng ／ полезный
□揺れます	shake ／ 摇晃，摇动 ／ rung lắc, dao động ／ трястись
□喜びます	be happy ／ 高兴，喜悦 ／ vui mừng ／ радоваться

副詞

□必ず	certainly ／ 一定，必定，总是 ／ nhất định ／ обязательно
□きっと	surely ／ 一定，必然 ／ chắc chắn, chắc hẳn là ／ непременно
□急に	suddenly ／ 突然（地），一下子 ／ đột nhiên, đột xuất ／ быстро; неожиданно
□この頃	these days ／ 最近，近来 ／ dạo này ／ последнее время; недавно
□ぜひ	by all means ／ 一定，无论如何 ／ nhất định ／ во что бы то ни было
□たまに	sometimes ／ 偶尔，有时 ／ thi thoảng ／ редко
□たいてい	almost ／ 大抵，大概，大体上 ／ thường thì ／ по большей части; почти
□できるだけ	as much as possible ／ 尽量，尽可能 ／ trong khả năng có thể ／ насколько возможно
□どんどん	more and more ／ 连续不断地，事物进展顺利地 ／ chỉ trạng thái nhanh chóng và đều đặn ／ быстро; непрерывно
□なかなか～ない	have difficulty -ing ／（不)容易，(不)简单 ／ mãi mà không ~ ／ не так легко сделать
□はっきり	clearly ／ 鲜明地，清楚地，直截了当地 ／ rõ ràng ／ чётко; решительно
□まず	at first ／ 首先 ／ trước tiên, trước hết ／ прежде всего; сначала
□もちろん	of course ／ 当然，不用说 ／ đương nhiên, tất nhiên, dĩ nhiên ／ конечно; разумеется
□やっと	at last; finally ／ 终于，总算，好不容易 ／ cuối cùng thì cũng ／ наконец-то; с трудом

読解編
Reading

例題と解き方　〜読解編〜

内容理解　Comprehension

　文章を読んで、文章の内容についての質問に答える問題です。100〜200字ぐらいの「短文」、450字ぐらいの「中文」の2パターンがあります。

例題1

　昨日、海へ行きたかったですが、友達が「今日は雨がふりますよ。雨の日におよぐと、かぜをひきますよ。」と言いました。だから海はやめて、デパートへ行きました。その後、さんぽしました。いい天気でした。友達は「ごめんなさい。海へ行くことができましたね。」と言いました。でも、私は新しい服を買うことができましたから、よかったです。

1　どうして「私」は海へ行きませんでしたか。

1　雨がふったから
2　友達がかぜをひいたから
3　友達がその日は天気がわるいと言ったから
4　新しい服を買いに行きたかったから

POINT 1　質問を読んで、読むポイントを確認しましょう

☞ 質問を読んで、「文章から探さなければならないもの」を理解します。

☞ よく出る質問の例

[A　ポイントの理解　Understanding the key point]

「いつ〜しましたか」「どこで〜しましたか」「だれが〜しましたか」
「どうやって〜しましたか」

[B　メッセージの理解　Understanding the message]

「〜は〜に何が言いたいですか。」
「この手紙／メールを読んで、はじめに何をしますか」
「この手紙／メールからわかることはどれですか」

［C　指示語の説明　Identifying what demonstratives indicate］

「これ／それは何ですか」

［D　原因・理由　Identifying causes/reasons］

「なぜ〜ですか」「どうして〜ですか」

［E　（　　　）に入るもの　Filling in the blank］

「（　　　）に入れるのに、いちばんいい文はどれですか」

POINT 2 文章を読んで、答えを探しましょう

☞ 何回も出てくる言葉は、キーワード（大切な言葉）です。キーワードがある文は注意して読んでください。

☞ ［A　ポイントの理解］の質問では、次の言葉を探しましょう。

いつ	**時間の言葉**　Expressions of time 例：朝／昼／夜／〜時／〜月／〜曜日／子どものとき　など **時間の前後関係の言葉**　Expressions indicating before/after 例：〜たあとで／〜前に／〜年前／〜から〜まで／〜たばかり／〜たところ／〜ながら　など
どこ	**場所の言葉**　Words indicating places 例：教室／学校／会社／公園／病院／スーパー／動物園／日本　など **位置関係の言葉**　Words expressing spatial position 例：前／後ろ／横／となり／上／下／中／外／真ん中　など
だれ	**人の名前**　Personal names 例：〜さん／〜様／〜ちゃん／〜くん　など **立場の名前**　Job titles, occupations, etc. 例：父／母／兄／弟／姉／妹／友達／社長／お客様／先生／学生　など
どうやって	**移動の方法**　Means of travel 例：電車／飛行機／車／自転車／歩いて　など **道具の名前**　Devices, tools, etc. 例：携帯電話／パソコン／ペン／ナイフ／手　など

例題と解き方

☞ [B　メッセージの理解] の質問では、書いた人は何が言いたいか、下の表現に注意して読みましょう。

～と思います／～したいです／～ことにします／～ようにします／～つもりです／～はずです／～ましょう／～ませんか／～てください／～ないでください／～ていただけませんか／お～ください／～なければなりません／～なくてもいいです／～たほうがいいです

また、接続詞 (conjunctions) や副詞 (adverb) や時制 (tense) などにも注意しましょう。
・接続詞：しかし／だから／そして／または
・副詞：すこし／とても／ぜんぜん～ない／あまり～ない
・時制や肯定・否定：～ます／～ません／～ました／～ませんでした

☞ [C　指示語の説明] の質問では、指示語の部分に文章の中の言葉を入れて、意味がわかる文になるかどうか確認しましょう。
例：それは何ですか。

| 1　ケーキ | 2　いちご | 3　写真 | 4　プレゼント |

> 友達のたんじょう日パーティーに行きました。私はいちごをたくさん使ってケーキを作りました。上手にできましたから、写真をとりました。プレゼントを買う時間はありませんでしたが、それを持っていきました。そして、みんなで一緒に食べました。

1．プレゼントを買う時間はありませんでしたが、ケーキを持っていきました。
　　➡　◎

2．プレゼントを買う時間はありませんでしたが、いちごを持っていきました。
　　➡　×　いちごはケーキを作るのに使いました。

3．プレゼントを買う時間はありませんでしたが、写真を持っていきました。
　　➡　×　「みんなで一緒に食べました」とあります。写真を食べることはできません。

4．プレゼントを買う時間はありませんでしたが、プレゼントを持っていきました。
　　➡　×　プレゼントを買う時間はありませんでした。変な文になっています。

☞ [D　原因・理由] の質問では、次の言葉に気をつけて読みます。
だから／～から／それで／～ので／～くて／～し～し／～ために　など

☞ ［E（　　　　）に入るもの］の質問では、（　　　　）の前と後ろをよく読んで、文章の内容に合った答えを選びます。

例：（　　　　）に入れるのに、いちばんいい文はどれですか。

 1 いちごを使わなければよかった
 2 友達とケーキを食べたい
 3 パーティーに行きたかった
 4 ケーキを作ってよかった

> 友達のたんじょう日パーティーに行きました。私はいちごをたくさん使ってケーキを作りました。みんなで一緒に食べました。友達は「おいしい」と言ってよろこびました。私は（　　　　）と思いました。

1．➡　×　友達はいちごのケーキをよろこびました。
2．➡　×　「私」も友達と一緒にケーキを食べました。
3．➡　×　「私」はパーティーに行きました。
4．➡　◎

情報検索　Information retrieval

生活の中でよく見る案内やお知らせなどを見て、質問に答える問題です。

POINT 1　質問を読んで、どんな情報を探すか理解しましょう

☞ まずは質問を読んで、ポイントを確認します。特に、質問の中にある「いつ」「だれ」「どこ」などは大切です。

POINT 2　必要な情報を見つけましょう

☞ 全部きちんと読まなくてもいいです。必要な情報があるところだけ気をつけて読んでください。

☞ 「いつ」「いくら」の質問では、数字があるところをよく探します。

☞ 「注意」や「※」にも大切な情報があるので、よく読みます。

例題2

右のページのお知らせを見て、下の質問に答えてください。答えは、1・2・3・4からいちばんいいものを一つえらんでください。

1 　30歳のすずきさんは、9月の日曜日、4才の子どもと一緒にさくらホールのコンサートに行きたいです。どのコンサートに行くことができますか。

1　①

2　②

3　③

4　④

2 　40歳のやまださんは、11歳と14歳の子どもたちと一緒に3人で「みどり小学校コンサート」に行きます。今日はコンサートの日です。チケットはまだ売っています。やまださんはぜんぶでいくらはらいますか。

1　1,000円

2　2,000円

3　3,000円

4　4,000円

例題の答え　　例題1　3　　例題2　3, 2

9月のコンサートのお知らせ

さくらホールでコンサートをします。

コンサートの説明	日にち	時間	チケット（大人）
①ピアノコンサート アメリカで人気のピアニストが来ます！	9月3日（土）	15時〜18時	6,000円
②さくらコンサート いろいろながっきが作る うつくしい音楽です。	9月11日（日）	18時〜21時	4,000円
③日本の歌コンサート みんなが知っている日本の歌を聞いてください。	9月18日（日）	14時〜16時	5,000円
④みどり小学校コンサート 子どもたちが歌やがっきをがんばって練習しました。	9月24日（土）	13時〜15時	2,000円

※18歳までの人のチケットのねだんは大人の半分です。
※「みどり小学校コンサート」は12歳までの人はむりょうです。
※「ピアノコンサート」と「さくらコンサート」は5歳までの子どもは入ることができません。

【チケットの買い方】
・コンサートの前の日まではさくらホールのホームページで買うことができます。
　インターネットで「さくらホール」を調べてください。
・コンサートの日はまだあいているせきがあったら、さくらホールの受付で買うことができます。そのときは大人のチケットが1,000円安くなります。18歳までの人のチケットのねだんは変わりません。

第4週　1日目

目標解答時間　10分

＿＿＿＿月＿＿＿＿日

内容理解（短文） Comprehension (Short passages)

つぎの(1)から(3)の文章を読んで、質問に答えてください。答えは、1・2・3・4から、いちばんいいものを一つえらんでください。

(1)

このお知らせが「子ども図書館」にあります。

かさをかします

かさをかりたい人は、受付に来てください。

・かりるときに名前と電話番号を書きます。

・1人1本です。

・1週間かりることができます。

> 12月30日から1月3日まで図書館は休みです。今日から12月29日の間にかさをかりる人は、1月5日までに返してください。

12月24日　やなぎ町子ども図書館

1　12月26日にかさをかりる人は、どうしなければなりませんか。

1　受付で名前を書いて、次の日に返します。

2　受付で名前と住所を書いて、12月29日までに返します。

3　受付で名前とかりるかさの数を書いて、1月1日までに返します。

4　受付で名前と電話番号を書いて、1月5日までに返します。

(2)

　私はサッカーが好きです。でも、するのはあまり好きではありません。時々友達
とサッカーのコンピューターゲームをしますが、それもあまり楽しくありません。
私は、するより見るほうが好きです。それも、テレビで見るのではなくて、広いサッ
カー場でみんなで見るのが好きなのです。

1　「私」が好きなことは何ですか。

　　1　みんなでサッカー場でサッカーをすること
　　2　みんなでサッカーのコンピューターゲームをすること
　　3　みんなでサッカー場でサッカーを見ること
　　4　みんなでサッカーのコンピューターゲームを見ること

(3)

　お母さんがうちに帰ると、テーブルの上に、娘のメモがありました。

お母さんへ

　えみかちゃんの家で一緒に宿題をすることになったから、今から行って
くるね。えみかちゃんの家で晩ご飯を食べてもいい？　でも、そうすると
帰りが遅くなってしまうから、迎えに来てくれる？
　えみかちゃんのお母さんが、私がえみかちゃんの家でご飯を食べてもい
いかどうか、お母さんに確認したいそうだから、これを読んだら、えみか
ちゃんのお母さんに連絡してね。

まり子

1　このメモを読んで、お母さんは何をしなければなりませんか。
　　1　えみかちゃんの家に娘を迎えに行きます。
　　2　えみかちゃんの家に晩ご飯を持っていきます。
　　3　えみかちゃんのお母さんに電話します。
　　4　えみかちゃんのお母さんに会います。

内容理解（短文） Comprehension (Short passages)

　つぎの(1)から(3)の文章を読んで、質問に答えてください。答えは、1・2・3・4から、いちばんいいものを一つえらんでください。

(1)

このお知らせが日本語学校の教室にあります。

着物を着てみませんか

　今年も、学校に市民センターの方が来て、着物教室を開いてくれます。参加したい人は1月中に事務所の受付に来て、参加したい日と時間を教えてください。

【市民センターの方が来る日】

① 2月4日　　　午前10時〜12時

② 2月5日　　　午前10時〜12時

③ 2月10日　　午後2時〜4時

④ 2月11日　　午後2時〜4時

※授業の時間は参加できません。

1月15日　事務所より

1　午前に授業があるクラスの学生は、どうしたら参加できますか。

1　2月4日か5日の授業が終わった後で、事務所に行って申し込みます。

2　2月10日か11日の授業が始まる前に、事務所に行って申し込みます。

3　1月31日までに事務所に行って、①か②に申し込みます。

4　1月31日までに事務所に行って、③か④に申し込みます。

(2)

　去年、私の姉が大学に入学しました。でも、遠くて家から通えないので、姉は大学の近くに引っ越しました。それまで、週末の天気がいい日は、家族で庭でご飯を食べながら、おしゃべりしたり、ゲームをしたりしていました。今は<u>それ</u>ができません。さびしいです。でも、来週姉が帰ってきます。ひさしぶりに姉とたくさんおしゃべりできると思うと、とても楽しみです。

1　<u>それ</u>は何ですか。

1　姉が家から大学に通うこと　　　2　姉が大学の近くに引っ越すこと
3　家族みんなで週末を楽しむこと　4　家族に会うこと

(3)

これはつよしさんからマークさんに届いたメールです。

マークさん

あした、トムさんとテニスをすることになりました。10時から2時間、スポーツセンターのテニスコートを予約しました。その後、一緒に昼ご飯を食べるつもりです。マークさんもどうですか。マリアさんもこれからさそうつもりです。来られるかどうか、今日の12時までに返事をください。

つよし

1　このメールからわかることは何ですか。

1　マークさんがあしたスポーツセンターでテニスをすること
2　トムさんがスポーツセンターのテニスコートを予約したこと
3　マリアさんがトムさんに食事にさそわれていること
4　つよしさんがマークさんからの返事を待っていること

内容理解（短文）　Comprehension (Short passages)

つぎの(1)から(3)の文章を読んで、質問に答えてください。答えは、1・2・3・4から、いちばんいいものを一つえらんでください。

(1)

鈴木さんに河合さんからメールが届きました。

鈴木さん

おつかれさまです。昨日の食事会は楽しかったですね。
お金は最後に野村さんがはらってくれました。一人3,000円だったそうです。
あした、野村さんが会社に来たら、お金をわたしてください。
あと、昨日、鈴木さんは写真をたくさんとっていましたよね。私が写っている写真があったら、メールで送ってくれませんか。家族に見せたいので。
野村さんも写真がほしいと言っていたので、送ってあげたらよろこぶかもしれません。
よろしくお願いします。

河合

1　鈴木さんが河合さんにあげるものは何ですか。
　　1　河合さんの家族の写真
　　2　河合さんが写っている写真
　　3　河合さんが写っている写真とお金
　　4　野村さんが写っている写真とお金

(2)

このお知らせがバス停にあります。

お客さまへ

　9月1日（水）から30日（木）まで、道路工事のため、バスの時間が変わります。バスの数は変わりませんが、最終バスの時間が早くなりますので、ご注意ください。

　また、工事中はバスが止まる場所が、大石病院の前から大石警察の前に変わります。

　ご不便をおかけしますが、ご協力をお願いします。

さくらバス株式会社

1　9月中のバスについて、正しいものはどれですか。

1　大石病院で工事があるので、バスの時間が変わります。

2　バスの数が少なくなります。

3　大石病院の前にバスが止まります。

4　いつもとは違う場所にバスが止まります。

(3)

　あしたは家でパーティーをします。友達が10人来ますから、飲み物をたくさん買っておこうと思います。食べ物は友達が持ってきてくれることになっています。パーティーでは、みんなでいっしょにゲームをします。勝った人には、この前私の国で買ってきたお菓子をプレゼントするつもりです。

1　この人はこれから何をしますか。

1　友達を招待します。　　　　2　飲み物を用意します。

3　食べ物を用意します。　　　4　プレゼントを買います。

内容理解（短文）Comprehension (Short passages)

　つぎの(1)から(3)の文章を読んで、質問に答えてください。答えは、1・2・3・4から、いちばんいいものを一つえらんでください。

(1)

友達からメールが来ました。

オースティンさん

今日は遊びに来てくれてありがとう。

ひさしぶりに料理を作ったので、上手にできたか少し心配でしたが、みなさんがよろこんでくれてよかったです。

オースティンさんが持ってきてくれたチキンの料理、とてもおいしかったです。

もしよかったら、今度一緒に作りながら、作り方を教えてくれませんか。オースティンさんはいつ時間がありますか。都合がいい日を教えてください。

お返事、待っています。

リリアンナ

1　オースティンさんはこのメールを読んだ後、リリアンナさんに何を知らせますか。

1　パーティーが楽しかったかどうか

2　リリアンナさんの料理がおいしかったこと

3　チキン料理の作り方

4　時間がある日

（2）

　来週、京都へ行きます。友達から「秋になりましたね。こちらは木の葉が赤や黄色になって、きれいですよ。」というメールが来たからです。

　京都まで夜行バスで行こうと思っています。夜行バスは夜に出発して、朝に着きます。時間はかかりますが、バスの中で寝られるし、新幹線の半分の料金で行けます。一番いいのは、朝着くとその日にたくさん遊べることです。

1　この人が夜行バスを選んだ一番の理由は何ですか。

1　京都にいる友達からメールをもらったから

2　長い時間寝ることができるから

3　新幹線よりかなり安く行くことができるから

4　着いた日にたくさん遊ぶことができるから

（3）

学校の寮のキッチンのかべにメモがはってあります。

みなさんへ

　キッチンを使うとき、注意してほしいことがあります。使ったお皿は、使った後すぐ自分で洗ってください。それから、冷蔵庫にものを入れるときは、名前を書いてください。今もだれのかわからない肉があります。古くなって、ひどいにおいがします。入れた人は早く捨ててください。食べ物を捨てるのはよくないので、本当は古くなる前に食べたほうがいいと思います。

　最後に、だれか私のフライパンを持っていませんか。料理したいのにできなくて、困っています。

202号室　アンナ

1　冷蔵庫に古い肉を入れた人に、アンナさんが今してほしいことは何ですか。

1　肉に名前を書くこと　　　2　肉を食べること

3　肉を捨てること　　　　　4　肉を料理すること

内容理解（短文）　Comprehension (Short passages)

つぎの(1)から(3)の文章を読んで、質問に答えてください。答えは、1・2・3・4から、いちばんいいものを一つえらんでください。

(1)

このお知らせが日本語学校にあります。

箱根バス旅行

日　に　ち：10月10日（月）

出発時間：午前9時

参加料金：3,000円

参加したい人は9月30日（金）までに事務所へ来て申し込んでください。

そのとき、お金をはらってください。

※ＫＩ日本語学校の学生の家族も参加できますが、一人4,000円かかります。

9月1日（木）　　ＫＩ日本語学校

1　大学生の兄と一緒に参加したい人は、どうしなければなりませんか。

1　9月30日までに事務所で6,000円はらう。

2　9月30日までに事務所で7,000円はらう。

3　9月30日までに事務所で申し込みをして、10月10日に6,000円はらう。

4　9月30日までに事務所で申し込みをして、10月10日に7,000円はらう。

(2)

　私は先月、引っ越しをしました。新しい部屋は10階まであるマンションの7階です。窓が大きいので、とても明るくて、いい部屋です。天気がいい日には、大きな窓からきれいな山が見えます。屋上からは、海も見えます。同じ階に住んでいる人の話によると、夏の祭りの花火も屋上から見えるそうです。その時は、友達を呼んでお酒を飲みながら見たいと思います。

1　天気がいいと、「私」の部屋から何が見えますか。

　1　きれいな山が見えます。　　　　2　海が見えます。

　3　祭りが見えます。　　　　　　　4　花火が見えます。

(3)

　これは大学の「経済学Aクラス」の石川先生から届いたメールです。

経済学Aクラスのみなさん

大雪の予報が出ましたので、あした1月13日の大学の授業は全部中止になりました。あしたまでの宿題のレポートは、次に授業で私に会うときに出してください。

私は1月17日から調査のため海外へ行きますので、来週の20日はビデオでの授業になります。ですから、次にみなさんにお会いするのは1月27日ですね。それではみなさん、雪に気をつけてすごしてください。

石川

1　宿題のレポートはいつ出すことになりましたか。

　1　1月13日　　　　2　1月17日　　　　3　1月20日　　　　4　1月27日

内容理解（中文） Comprehension (Mid-size passages)

　つぎの文章を読んで、質問に答えてください。答えは、1・2・3・4から、いちばんいいものを一つえらんでください。

　これはエカテリーナさんが書いた作文です。

アルバイトの店長

エカテリーナ・スミノフ

　私は、日本のコンビニでアルバイトをしています。そこでは、いろいろな国の人が働いています。私は国でアルバイトをしたことがありませんでしたから、最初はとても大変でした。でも、みなさんが親切なので、すぐに①仕事になれました。だけど、一度だけ店長に注意をされたことがあります。
②
　ある日、タバコを買いに来たお客様に「20番のタバコをください。」と言われたので、まじめな顔ではっきりと「はい、20番のタバコです。」と言って、タバコをお渡ししました。お客様は少しびっくりしていました。お客様が帰った後で、店長に「エカテリーナさんの話し方はちょっとこわいから、もっと優しく話してください。」と言われました。私の話し方は少し強すぎたようです。ミスをしないようにと考えすぎて、冷たい言い方になっていたのだと思います。店長は「家族や友達がお店に来たと思えばいいんだよ。」と教えてくれました。
　他にも、店長は時間があるとき、日本料理をごちそうしてくれたり、いろいろ話を聞いてくれたりしますから、家族に会えなくてもさびしくないです。困ったとき、店長は母のようにいつも私を助けてくれます。私は店長を（　　　　）と思っています。

1　なぜ①最初はとても大変でしたか。

1　日本語がぜんぜん話せなかったから

2　いろいろな国の人がアルバイトをしているから

3　いろいろ注意をされてしまったから

4　アルバイトをするのが初めてだったから

2　「私」は、なぜ店長に②注意をされましたか。

1　お客様にちがうタバコを渡したから

2　話し方がこわかったから

3　同じミスを何度もしたから

4　仕事をまじめにしていなかったから

3　（　　　　）に入れるのに、いちばんいい文はどれですか。

1　うるさく注意する人だ

2　仕事をまじめにする人だ

3　教えるのが上手な人だ

4　家族のような人だ

内容理解（中文）Comprehension (Mid-size passages)

つぎの文章を読んで、質問に答えてください。答えは、1・2・3・4から、いちばんいいものを一つえらんでください。

これは日本語学校を卒業した留学生が日本語学校の先生に書いた手紙です。

1　杉澤先生

　10月になって、だいぶ涼しくなってきましたが、お元気ですか。
　日本語学校を卒業してから、半年が過ぎました。今、私は大阪の専門学校で、ホテルで働くための勉強をしています。クラスの半分は日本人で、
5　その他はいろいろな国の人です。ですから、いろいろな文化を知ることができます。私が一番好きな授業は、実習です。実習では、テーブルに料理を運んだり、お客様を案内したりする練習をします。きのうは、学生たちがお客様とホテルの人になって練習しました。それはとても面白かったです。実習は、教室で教科書を使って勉強するより楽しいです。
①
10　それから、3か月前にホテルでアルバイトも始めました。大阪の言葉は学校で習う日本語と違います。たとえば「本当に」は「ほんまに」、「だめだ」は「あかん」と言います。それで、アルバイトを始めたばかりのときは、とても大変でした。最近、やっと大阪の言葉がわかるようになってきました。学校の勉強の他に、アルバイトをするのは大変ですが、仕事は面
②
15　白いし、（　　　　）と思って、がんばっています。
　これから冬になると、そちらは雪が降って大変だと思います。お体に十分に気をつけてお過ごしください。

2022年10月15日

グエン・ティ・ホア

---

1 何が①とても面白かったですか。

1 クラスの半分が日本人で、友達になれたこと

2 いろいろな国の文化を知ることができたこと

3 学生がお客様とホテルの人になって練習したこと

4 教室で教科書を使って勉強したこと

2 なぜ②とても大変でしたか。

1 アルバイトをしたことがなかったから

2 ホテルの仕事がむずかしかったから

3 大阪の言葉がわからなかったから

4 学校の勉強の他にアルバイトを始めたから

3 （　　　）に入れるのに、いちばんいい文はどれですか。

1 将来に役に立つ

2 大阪に住んでいる

3 いろいろな文化を知ろう

4 大阪の言葉はむずかしい

内容理解（中文） Comprehension (Mid-size passages)

つぎの文章を読んで、質問に答えてください。答えは、1・2・3・4から、いちばんいいものを一つえらんでください。

これはキンさんが書いた作文です。

今年がんばりたいこと

キン・レイシン

　新しい一年が始まりました。この時期は運動を始める人が多いです。12月は一年の終わりなので、パーティーがあって、おいしいものをたくさん食べます。そのため、みんな食べすぎて太ってしまうのかもしれません。だから、1月になってから、やせるために運動を始めるのです。

　私も今年は運動をしようと思っていますが、そんな理由で始めるのではありません。私は最近腰が痛いのです。それで、この前病院へ行ったら、医者から座りすぎだと言われました。そして、もっと立って歩いたほうがいいと言われたのです。

　だから、今年は毎日散歩することにしました。昨日も昼ご飯を食べた後、会社の周りを少し歩きました。まだ腰の痛みはありますが、少し体が軽くなったような気がします。午後はいい気分で働くことができました。

　会社の先輩にこの話をしたら、いいことを教えてもらいました。先輩も腰が痛くて困っていた時期があったけれど、水泳を始めたらよくなったそうです。また、どんどん長い時間泳げるようになるのがうれしかったと言っていました。（　　　）。でも、先輩がいい水泳教室を教えてくれたので、今年はがんばってみたいと思います。

1 そんな理由とはどんな理由ですか。

1　たくさん食べたいから

2　健康になりたいから

3　やせたいから

4　去年あまり運動できなかったから

2 「私」は昨日何をしましたか。

1　午後、会社を休んで散歩しました。

2　昼に会社の近くを散歩しました。

3　病院へ行ってから散歩しました。

4　昼に何も食べないで散歩しました。

3 （　　　　）に入れるのに、いちばんいい文はどれですか。

1　私も水泳をしてみたいです

2　私は去年から水泳をしています

3　私は水泳が大好きです

4　私は水泳が苦手です

内容理解（中文）Comprehension (Mid-size passages)

つぎの文章を読んで、質問に答えてください。答えは、1・2・3・4から、いちばんいいものを一つえらんでください。

これはエマさんが書いた作文です。

アルバイト

オネト・エマ

　私は去年の4月に日本へ来ました。生活は大変ですが、楽しいです。今、私は20人のお年寄りが住む老人ホームでアルバイトをしています。同じ寮に住んでいる先輩が紹介してくれました。先輩はレストランやホテルなど、それより給料が高いアルバイトも紹介してくれましたが、私はこのアルバイトをすぐ選びました。将来、お年寄りの生活を手伝う仕事がしたいからです。

　最初は、ろうかとトイレの掃除をしました。それを2週間続けた後、1か月間、一人一人の部屋の掃除をしました。今は食事や散歩の手伝いもしています。

　この間、社員の石田さんに、どうして最初は掃除だけだったか聞いてみました。石田さんは「みなさんにあなたを知ってもらうためです。よく知らない人が来て、『今日からこの人がみなさんの食事や散歩を手伝います。』と急に言われたら、嫌な気持ちになってしまうかもしれません。掃除しているあなたを見たり、あいさつしたりして、どんな人かわかったら、安心できるでしょう。」と言いました。私は理由がよくわかりました。

　今、お年寄りのみなさんと仲良くなって楽しく働いています。このアルバイトをして、将来、（　　　　）という気持ちが強くなりました。

1 なぜ「私」はこのアルバイトを選びましたか。

1 日本に来て、生活が大変だから。

2 同じ寮に住んでいる先輩が紹介してくれたから

3 レストランやホテルより給料が高いから

4 お年寄りの生活を手伝う仕事をしたいから

2 <u>嫌な気持ちになってしまう</u>のは、だれですか。

1 私

2 石田さん

3 お年寄り

4 知らない人

3 （　　　　）に入れるのに、いちばんいい文はどれですか。

1 先輩のようになりたい

2 もっとお年寄りと仲良くなりたい

3 この仕事をしたい

4 これとは違う仕事をしたい

内容理解（中文）Comprehension (Mid-size passages)

つぎの文章を読んで、質問に答えてください。答えは、1・2・3・4から、いちばんいいものを一つえらんでください。

これは、ヨウさんが書いた作文です。

パソコンとスマートフォン

ヨウ・シュンコウ

　私が初めてパソコンをさわったのは1990年でした。大学を卒業して、会社に入ったときです。あのときはなかなか使い方を覚えられなくて、とても大変だったのを覚えています。でも、今の若い人たちはみんな、生まれたときからパソコンがあるので、きっと簡単にパソコンを使えるのだろうと私は思っていました。

　しかし、これはちょっと違ったようです。私の会社に、大学を卒業した①ばかりの人が入ってきましたが、彼はパソコンが苦手です。なぜかと聞い②てみると、あまり使ったことがないからだと言われました。パソコンは高校の授業で少しさわっただけで、大学ではほとんど使わなかったそうです。それに、宿題のレポートを書くときは、スマートフォンを使って書いていたので、困らなかったと言っていました。これを聞いて、私はとてもおどろきました。

　いつか、会社でもスマートフォンやタブレットだけを使って働く時代が来るのかもしれません。でも、（　　　　）。だから、会社で働きたい人たちには、会社に入る前にパソコンの使い方を覚えてほしいです。

1 ①これとは何ですか。

1　若い人はみんなパソコンが得意だということ

2　若い人はみんなパソコンが苦手だということ

3　お年寄りはみんなパソコンが得意だということ

4　お年寄りはみんなパソコンが苦手だということ

2 どうして②彼はパソコンが苦手ですか。

1　お年寄りで、生まれたときにパソコンがなかったから

2　学校でパソコンの使い方を習ったことがないから

3　まだ大学を卒業したばかりだから

4　これまでパソコンをほとんど使っていなかったから

3 （　　　　）に入れるのに、いちばんいい文はどれですか。

1　大学ではパソコンを使ってレポートを書いたほうが早いです

2　今の会社ではパソコンを使えることがとても大切です

3　仕事ではスマートフォンをうまく使ったほうがいいです

4　パソコンができなくても、仕事がよくできる人はたくさんいます

情報検索 Information retrieval

　右のページのお知らせを見て、下の質問に答えてください。答えは、1・2・3・4から、いちばんいいものを一つえらんでください。

1　イブロヒムさんとビクラムさんは、「日本料理教室」に行こうと思っています。土曜日に行われるもので、肉を使わないで、だれでも簡単にできる料理がいいです。イブロヒムさんたちは、どれを選ぶといいですか。

1　②

2　③

3　④

4　⑥

2　リさんは、「日本料理教室」に行こうと思っています。日曜日に行きたいですが、終わるのが16時より遅いものには行けません。リさんが選べるのはどれですか。

1　②と③

2　②と③と⑤

3　②と⑤

4　②と⑤と⑥

中町センター　日本料理教室
～9月と10月の予定～

中町センターでは、毎月いろいろな日本料理の教室を開いています。

★ 簡単　　★★ 少しむずかしい　　★★★ むずかしい

料理の名前	月・日	料理のせつめい
①肉じゃが ★	9月3日（土） 11：00	ぶた肉とやさいを使った料理です。子どもも大人も大好きな家庭料理です。
②てんぷら ★	9月11日（日） 13：00	秋のやさいをたくさん食べましょう。今回はやさいだけを使います。
③すし ★★★	9月18日（日） 14：00	誕生日など、人が集まるときにおすすめの料理を紹介します。生の魚を使っておすしを作ります。
④とうふハンバーグ ★	10月1日（土） 13：00	肉を使わないで、とうふを使ってハンバーグを作ります。
⑤とり肉のお弁当 ★★	10月9日（日） 11：30	見てかわいい、食べておいしい料理を作ります。今回はとり肉を使った料理です。
⑥海のごはん ★★	10月15日（土） 13：00	魚、貝、米を使った料理です。パーティーにぴったりです。

※参加料金はぜんぶ一人500円です。
※料理をする時間は2時間30分です。

中町センター「日本料理教室」係　　　　電　話：03-3560-XXXX
　　　　　　　　　　　　　　　　　　　メール：JPcook@nakamachi.jp

情報検索　Information retrieval

読解

　右のページのお知らせを見て、下の質問に答えてください。答えは、1・2・3・4から、いちばんいいものを一つえらんでください。

[1]　雑誌や新聞をすてたいです。今、1月5日の午後5時です。一番早くて何月何日にすてることができますか。

1　1月5日

2　1月12日

3　1月19日

4　1月26日

[2]　電池をすてたいとき、どうしますか。

1　緑色の袋に入れて、水曜日か土曜日に出します。

2　赤色の袋に入れて、金曜日に出します。

3　金曜日に黄色の箱にそのまま入れます。

4　中が見える袋に入れて、金曜日に黄色の箱に入れます。

青葉市　ごみの分け方・出し方

ごみを集める日の朝8時30分までに、決められた場所にルールを守って出してください。

<ごみの分け方・出し方>

ごみの種類	集める日	出し方
家庭ごみ 食べ物、ＣＤ、服、タオル、くつなど	毎週 水曜日 土曜日	緑色の袋を使ってください。割れた皿やコップは紙に包んでから袋に入れてください。
プラスチック 弁当の箱、おかしの袋など	毎週 金曜日	赤色の袋を使ってください。汚れているものは洗ってから袋に入れてください。
びん・かん・ペットボトル・電池・電球	毎週 金曜日	前の日に外に黄色の箱を置いておきますから、そのまま入れてください。電池や電球は、中が見える袋に入れてから、箱に入れてください。
紙類 雑誌、新聞、本など	毎月 1回目と 3回目の 月曜日	ひもでまとめて出してください。食べ物や飲み物がついて汚れている紙は出せません。その場合は、家庭ごみに出してください。

※30センチメートルより大きいものは粗大ごみになります。粗大ごみ受付センター（022-222-XXXX）に電話でお申し込みください。

<1月のカレンダー>

月	火	水	木	金	土	日
			1	2	3	4
5	6	7	8	9	10	11
12	13	14	15	16	17	18
19	20	21	22	23	24	25
26	27	28	29	30	31	

<青葉市ごみ相談係>

電　話：022-222-XXXX

メール：aoba_gomi@aoba.jp

情報検索 Information retrieval

　右のページのお知らせを見て、下の質問に答えてください。答えは、1・2・3・4から、いちばんいいものを一つえらんでください。

1　今は金曜日の朝10時です。ケンさんは、今朝急におなかが痛くなったので、今日の午前中に医者にみてもらいたいです。日本語ではなくて英語で医者と話したいです。どの病院を選ぶといいですか。

1　①

2　②

3　③

4　④

2　コウさんは、最近つかれやすいので、大きい病気がないかどうか医者にみてもらいたいです。いそがしいので、予約をしてから土曜日か日曜日に行きたいと思っています。病院では中国語で話したいです。どうすればいいですか。

1　①の病院を、1週間前までに予約します。

2　①の病院を、前の日までに予約します。

3　④の病院を、1週間前までに予約します。

4　④の病院を、前の日までに予約します。

さくら町　病院案内

① 島村病院

	月	火	水	木	金	土	日
9時～13時	○	○	×	○	○	○	×
16時～20時	○	○	×	○	○	×	×

◎予　約：必ず前の日の17時までに予約してください。

◎外国語：スタッフは全員、日本語と英語を話します。
　　　　　中国語で話したい方は、金曜日に来てください。

② 滝沢医院

	月	火	水	木	金	土	日
8時～12時	○	○	○	×	○	×	×
16時～20時	○	○	○	×	○	×	×

◎予　約：午前中に来たい方は、前の日の17時までに必ず予約してください。
　　　　　午後は予約がない方も大丈夫です。

◎外国語：スタッフは全員、日本語と英語を話します。

③ 坂本クリニック

	月	火	水	木	金	土	日
7時～12時	×	○	○	○	×	×	○
17時～19時	×	○	○	○	○	○	×

◎予　約：予約できません。長く待つ必要があるかもしれません。

◎外国語：日本語と英語以外はできませんので、通訳できる方と一緒に来てください。

④ みどり山病院

	月	火	水	木	金	土	日
9時～13時	○	○	○	○	○	○	○
15時～21時	×	○	×	○	○	×	×

◎予　約：予約できます。前の日の17時までにお願いします。
　　　　　急な病気の方は、予約がなくても大丈夫です。

◎外国語：日本語、英語、ポルトガル語を話すスタッフがいます。
　　　　　他の外国語の通訳が必要な方は、1週間前までに予約してください。

情報検索　Information retrieval

　右のページのお知らせを見て、下の質問に答えてください。答えは、1・2・3・4から、いちばんいいものを一つえらんでください。

1　留学生のマイさんは青葉市の日本文化教室に参加しようと思っています。マイさんが参加できるのは土曜日と日曜日です。そして、1,000円以下でできるものに参加したいと思っています。マイさんが参加できるのはどれですか。

1　①と②

2　①と④

3　②と④

4　①と④と⑤

2　留学生のジョンさんは、6月30日の午前の授業で「日本文化」の作文を書くことになりました。ジョンさんは日本文化をよく知りませんから、青葉市の日本文化教室の中から、何かやってみてから書きたいと思っています。今日は6月15日です。ジョンさんが参加できるのはいくつありますか。

1　1つ

2　2つ

3　3つ

4　4つ

青葉市　日本文化教室

留学生のみなさん、青葉市民センターで日本文化を体験してみませんか。

【申し込み方法】

教室が開かれる3日前までに、電話かメールで予約してください。

【参加料金】

500円　※その他にお金がかかる教室がありますから、注意してください。

【6月の予定】

教室名	月日・時間	持ってくるもの
① 着物 着物を着て散歩をしましょう。	6/5（日） 10時〜12時	着物はこちらで準備します。
② お花 「生け花」という日本のお花の飾り方を教えます。	6/11（土） 14時〜15時	花代が1,500円かかります。
③ 歌舞伎 歌舞伎の歴史を学んだ後で、歌舞伎の動きを教えます。	6/17（金） 14時〜15時	準備するものはありません。
④ おどり 日本に昔からある音楽を聞きながら、おどりましょう。	6/18（土） 14時〜15時	準備するものはありません。
⑤ 料理 日本料理を作りましょう。	6/25（土） 10時〜12時	材料代が1,000円かかります。
⑥ 音楽 日本の楽器をひいてみませんか。	6/30（木） 10時〜12時	楽器はこちらで準備します。

青葉市民センター　　電話番号：022-222-1234

メール：aoba-shimin-center@city.com

情報検索　Information retrieval

　右のページのお知らせを見て、下の質問に答えてください。答えは、1・2・3・4から、いちばんいいものを一つえらんでください。

1　1時間のコースに参加したい人は、どうすればいいですか。

1　3月26日の10：00に、さくら町公園の北入口に行きます。

2　3月26日の10：15に、さくら町公園の西入口に行きます。

3　3月26日の10：30に、さくら町公園の東入口に行きます。

4　3月26日の11：00に、さくら町公園の南入口に行きます。

2　ジャブロンさんはEコースにおくさんと参加したいです。お弁当もほしいです。どうすればいいですか。

1　3月20日にさくら町公園の南入口に行って、1,000円はらいます。

2　3月26日にさくら町公園の南入口に行って、1,000円はらいます。

3　3月20日までにお弁当を予約して、3月26日にさくら町公園の南入口に行って、1,000円はらいます。

4　3月26日までにお弁当を予約して、3月26日にさくら町公園の南入口に行って、1,000円はらいます。

「歩こう会」は、歩きながら自然を楽しむ会です。

　3月はさくら町公園でさくらを見ながら歩きます。みなさんご参加ください。予約は必要ありません。

[月・日]

3月26日（日）

[場所]

さくら町公園

[参加料金]

かかりません

[コース]

コース	時間	あつまる場所	持ち物
Aコース	10：00〜10：45	北入口	タオル、飲み物
Bコース	10：15〜11：15	西入口	タオル、飲み物
Cコース※	10：30〜12：00	東入口	タオル、飲み物、お弁当
Dコース※	10：00〜12：00	南入口	タオル、飲み物、お弁当
Eコース※	10：00〜13：00	南入口	タオル、飲み物、お弁当

※のコース：お弁当が必要な方は3月20日（月）までに「歩こう会」に電話で予約してください。
1つ500円でご用意します。お金はお弁当をわたすときにいただきます。

[歩こう会]　　電　話：03-1234-5678

　　　　　　　　メール：arukou-kai@xxxx.jp

言葉を覚えよう3

い形容詞

□嬉しい　happy / 高兴，开心 / vui mừng / радостный

□おかしい　funny; odd / 可笑的，奇怪的 / lạ lùng, khó hiểu / смешной; странный

□厳しい　strict / 严格，严厉 / nghiêm, nghiêm khắc / строгий

□詳しい　be familiar with / 详细，熟悉 / cụ thể, chi tiết / подробный; сведующий

□細かい　fine; detailed / 细小，详细，琐碎，零的 / chi tiết, tỉ mỉ, nhỏ / мелкий; детальный

□寂しい　lonely / 寂寞，孤单，空落落，若有所失 / buồn, cô đơn / грустный; одинокий

□すごい　great; awful / 厉害，惊人，非同一般 / tuyệt vời, xuất sắc, rất / поразительный; ужасный

□素晴らしい　amazing / 优秀，绝佳，精彩 / tuyệt vời / прекрасный; замечательный

□正しい　correct / 正确，准确，合乎规范 / đúng, đúng đắn / правильный; верный

□苦い　bitter / 味道苦 / đắng / горький

□眠い　sleepy / 困的，困倦的，想睡觉的状态 / buồn ngủ / сонный

□恥ずかしい　embarassing / 害羞，没脸面，不好意思，难为情 / xấu hổ, thẹn, ngượng / стыдный

□深い　deep / 深的 / sâu / глубокий

□珍しい　rare / 罕见的 / hiếm, hiếm có / редкий; уникальный

□やわらかい　soft / 软的，柔软的 / mềm / мягкий; нежный

な形容詞

□安全な　safe / 安全的，保险的 / an toàn / безопасный

□嫌な　unpleasant / 讨厌的，厌烦的 / ghét, không thích / отвратительный; неприятный

□簡単な　easy / 简单的，轻而易举 / đơn giản / простой

□危険な　dangerous / 危险的 / nguy hiểm / опасный

□失礼な　impolite; rude / 不礼貌的，失礼的 / thất lễ, vô lễ, khiếm nhã / невежливый; грубый

□自由な　free / 自由的，不受约束的 / tự do / свободный; произвольный

□大事な　important / 重要的，重大的 / quan trọng / важный; любимый

□丁寧な　polite / 有礼貌的 / lịch sự, cẩn thận / вежливый; старательный

□特別な　special / 特别的，不同一般的 / đặc biệt / особый; исключительный

□熱心な　enthusiastic / 热心的，热情的 / nhiệt tâm, nhiệt tình, hết lòng / страстный; усердный

□必要な　necessary / 有必要的，必需的 / cần thiết, cấp thiết / необходимый

□変な　strange / 奇怪的，可疑的 / lạ, kỳ quặc / странный

□真面目な　serious / 认真的，诚实的 / nghiêm túc / серьёзный

□無理な　unreasonable / 无理的，勉强的，难以办成的 / vô lý, phi lý, vượt quá khả năng / непосильный

聴解編
ちょうかい へん

Listening

課題理解　Task-based comprehension

話を聞いて、その話の後にすることを選ぶ問題です。

例題1　♪ N4-1

1　2かいの　1ばん
2　2かいの　2ばん
3　3がいの　1ばん
4　3がいの　2ばん

<聞く順番>
状況説明・質問
▼
話
▼
質問

例題2　♪ N4-2

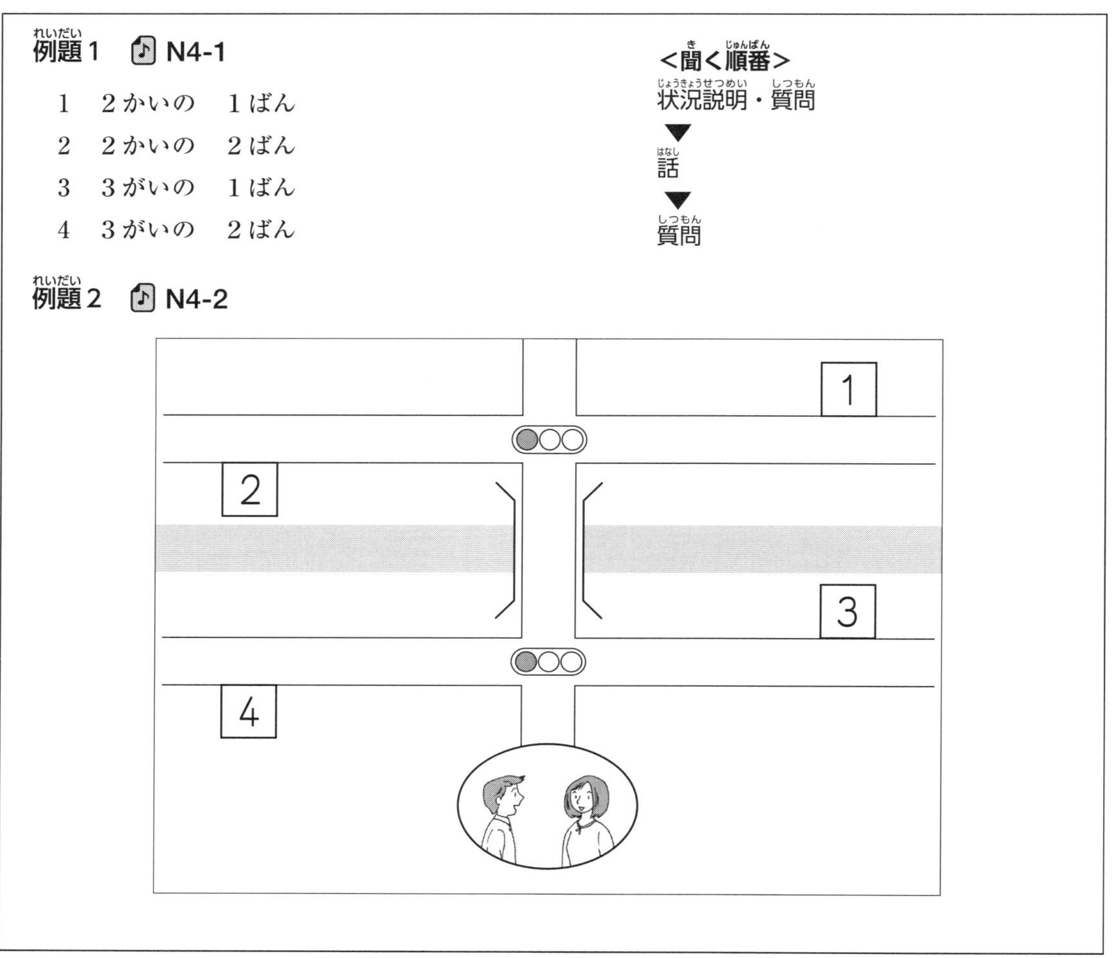

スクリプトはp.116

POINT 1　質問を聞くとき、「誰がするか」に注意しましょう

☞ 例：「女の人は、これから何をしますか。」「学生は、これから何をしなければなりませんか。」

POINT 2　指示 (instruction) や依頼 (request) の言葉に注意しましょう。

☞「○○をしてください」「○○をしてくれませんか」など、指示や依頼の言葉はとても大切です。何をお願いしているのかを必ず聞いて、メモしましょう。

「〜てください」	例：ここに住所を書いてください。
「〜てくれませんか」	例：お金を貸してくれませんか。
「〜てもらえませんか」	例：明日持ってきてもらえませんか。
「〜をお願いします」	例：コーヒーと紅茶をお願いします。
「〜ないでください」	例：忘れないでください。

☞ 一つの話の中に指示や依頼がたくさんあるときは、どれを最初にするか注意して聞きましょう。

「Aをしてから、Bをしてください」　➡最初にすることはA

「Aをしたあとで、Bをしてください」　➡最初にすることはA

「Aをする前に、Bをしてください」　➡最初にすることはB

ポイント理解　Point comprehension

話と質問を聞いて、質問のポイント（時間、場所、理由など）について答える問題です。

例題3　♪ N4-3

1　山へ　行った
2　りんごを　買った
3　海へ　行った
4　本を　読んだ

例題4　♪ N4-4

1　花
2　ケーキ
3　本
4　かばん

<聞く順番>
状況説明・質問
▼
[読む時間（約20秒）]
▼
話
▼
質問

スクリプトはpp.116-117

111

POINT 1 質問を聞くとき、どのポイントについて答えるかに注意しましょう

☞ 質問を聞くときは、いつ、どこ、何、どうしてなど、疑問詞 (interrogative) に注意して聞きます。これは、答えを考えるときのヒントになります。

疑問詞 Interrogatives	注意して聞くポイント What to listen for
どうして／なぜ	理由を表す言葉 Words expressing a reason 例：「から」「ので」「～し～し」「んです」「だから」「それで」「～て（で）」
何	意思や好みを表す言葉 Words expressing intentions, preferences, etc. 例：「～がいい」「～はいやだ」「～にする」「～に決めた」「～が一番」「特に～」 目的や対象を表す言葉 Words expressing an objective / target 例：「～を買う」「～を見る」「～をする」
いつ	時間を表す言葉 Expressions of time 例：「～曜日」「～日」「～時」「午前」「午後」「その前」「その後」
どこ	場所を表す言葉 Words indicating places 例：「映画館」「図書館」「プール」「公園」「学校」「会社」 位置を表す言葉 Words expressing spatial position 例：「右」「左」「前」「後ろ」
いくつ／いくら	数・量・値段を表す言葉 Expressions of number, quantity, or monetary amount 例：「～円」「～個」「半分」「あと～円」「足りる」「足りない」「もう一つ」
どんな／どう	気持ちや性格を表す言葉 Words expressing feelings, temperament, etc. 例：「楽しい」「優しい」「新しい」「難しい」「静かな」「親切な」 状態や状況を表す言葉 Words expressing conditions, circumstances, etc. 例：「疲れた」「困った」「混んでいる」

POINT 2 問題用紙の1から4を頭の中で声に出して読みましょう

☞ 質問の後、問題用紙の1から4を読む時間が約20秒あります。1から4にある言葉が、話の中に出てくることが多いので、20秒の間に、頭の中で発音に注意しながら読んでおきましょう。

POINT 3　話を聞きながら、問題用紙の1から4に×をつけましょう

☞ 曜日、値段、日付、時間、番号など似ている言葉や数字が続くことが多いので、話をよく聞きながら問題用紙の1から4をチェックしましょう。

☞ 話の中の言葉が、問題用紙の1から4では違う言い方に変わっていることもあります。言い方が違っても、すぐ×にしてはいけません。

例：いつも店は5時までですが、明日は8時までです。
　　　［違う言い方］
　　　　➡明日、店は8時までになります。
　　　　➡明日、店は8時まで開いています。
　　　　➡明日、店はいつもより遅く閉まります。

発話表現　Utterance expressions

絵を見ながら質問を聞いて、矢印（➡）の人が言う文を選ぶ問題です。

例題5　♪ N4-5

<聞く順番>
状況説明・質問
▼
選択肢（3つ）

スクリプトはp.117

POINT 1　絵の➡に注意しましょう

☞ 話す人には「➡」がついています。誰が話すのか間違えないように、話を聞く前に必ず「➡」を見てください。

POINT 2　絵を見て、どこで誰と話しているか確認しましょう

☞ どこで誰と話しているのかを確認します。（レストランで友達と、学校で先生と　など）

☞ 「➡」の人の顔も、答えを選ぶときにヒントになるので、必ず見ましょう。（嬉しそう、悲しそう　など）

POINT 3 音をよく聞いて、正しいものを選びましょう

☞ 学生が先生に話すときは、丁寧体（〜です／〜ます　など）、友達と話すときは普通体（〜だね／〜だよ　など）を使いますから、絵に合っているものを選びます。

☞ 「する／される／させる」「あげる／くれる／もらう」「貸す／借りる」などは間違えやすいです。「➡」の人に合うのはどれか、よく注意しましょう。

☞ あいさつの言葉も、きちんと覚えておきましょう。

おはようございます／こんにちは／こんばんは／さようなら／またあした／おやすみなさい／どうぞよろしく／お大事に／お元気で／ごめんください／すみません／いただきます／ごちそうさまでした／お久しぶりです／しばらくです／お先にどうぞ／お気をつけて　など

即時応答　Quick response

短い文を聞いた後、それに合う返事を選ぶ問題です。

例題6　♪ N4-6
　　　　　♪ N4-7
　　　　　♪ N4-8

（この問題は、問題用紙に絵などがありません）

<聞く順番>
短い文
▼
返事の言葉（3つ）

スクリプトはp.117

POINT 1 どんな場面の会話なのか考えましょう

☞ 「これからするのか、もうしたのか」に注意します。

例：　男：パーティーはどうでしたか。
　　　女：1　楽しいでしょう？
　　　　　2　楽しいと思います。
　　　　　3　楽しかったです。➡ **答え**

☞ 「言った人がするのか、答える人がするのか」に注意します。

例：　女：明日の会議の時間がわかったら、連絡してください。➡ 連絡するのは答える人（男）
　　　男：1　はい、早くしてくださいね。
　　　　　2　はい、そうします。➡ **答え**
　　　　　3　はい、すぐにお願いします。

POINT 2 文型・表現に注意しましょう

☞ 初めの文とその返事をセットで覚えると、答えを選ぶときのヒントになります。

初めの文 Statements	返事 Responses
もう〜ましたか。	いいえ、まだです。 まだ〜ていません。
〜てもいいですか。	はい、どうぞ。 いいえ、〜ないでください。
どうして〜か。	〜からです。 〜んです。
〜しましょうか。	はい、お願いします。 いいえ、けっこうです。
〜ませんか。	ええ、いいですね。〜ましょう。 すみません、ちょっと……。
〜いかがですか。	いただきます。 けっこうです。
どうぞお入りください。	失礼します。
お先に失礼します。	お疲れさまでした。
ありがとうございます。	どういたしまして。
お元気ですか。	ええ、おかげさまで。
行ってきます。	いってらっしゃい。
ただいま。	おかえりなさい。
おめでとうございます。	ありがとうございます。

POINT 3 イントネーションに注意しましょう

☞ 同じ言葉でも、イントネーション（音の上がり下がり）によって意味が変わるものがあります。特に文の終わりの言い方に注意しましょう。

例：　これ、いい？↗ ➡ いいかどうか確認しています。
　　　これ、いい。↘ ➡ いいと思っています。

例題1　スクリプト　🎵 N4-1

学校で先生が話しています。学生は どの教室に荷物を置きますか 。

女：皆さん、今からさくら公園へ絵を描きに行きます。持っていかない荷物は3階の1番教室に置いてください。お弁当は2階の2番教室で渡します。

学生はどの教室に荷物を置きますか。

例題2　スクリプト　🎵 N4-2

男の人と女の人が話しています。男の人は どこへ行きますか 。

男：すみません、あさひ銀行はどこですか。

女：あさひ銀行ですね。この道をまっすぐ行くと、橋があります。

男：はい。

女：その橋を渡って、一つ目の信号を右に曲がると、ありますよ。左側です。

男：分かりました。ありがとうございます。

男の人は どこへ行きますか 。

例題3　スクリプト　🎵 N4-3

女の人と男の人が話しています。男の人 は昨日何をしましたか。

女：ラムさん、おはようございます。これ、お土産のりんごです。どうぞ。

男：ありがとうございます。どこへ行きましたか。

女：昨日山へ行きました。山へ行く道でりんごが売っていましたから、たくさん買いました。

男：へえ、いいですね。私は昨日バイクで海へ行きたかったですが、天気が悪かったですから、うちで本を読んでいました。

女：そうですか。

男の人 は昨日何をしましたか。

例題4　スクリプト　🎵 N4-4

電話で男の人が話しています。今日、何を買いに行きますか。

男：もしもし、アンさん？　キムです。今日、ナタリーさんの誕生日ですね。プレゼントの花を一緒に買いに行く約束をしましたけど、今日は花屋が休みです。だから、ケーキを買いましょう。本屋の近くにケーキ屋がありますから、そこで待っています。1階にかばん屋があるビルのとなりです。

今日、何を買いに行きますか。

例題5　スクリプト　🎵 N4-5

電車を降りたいです。何と言いますか。

女：1　あのー、誰か降りますか。

　　2　すみません。降ります。

　　3　どこで降りたいですか。

例題6　スクリプト

1番　🎵 N4-6　　男：学校は何時からですか。

　　　　　　　　女：1　朝です。

　　　　　　　　　　2　9時からです。

　　　　　　　　　　3　4時間です。

2番　🎵 N4-7　　女：この写真はどこで撮りましたか。

　　　　　　　　男：1　ケータイのカメラで撮りました。

　　　　　　　　　　2　父が撮りました。

　　　　　　　　　　3　国で撮りました。

3番　🎵 N4-8　　女：窓を開けましょうか。

　　　　　　　　男：1　はい、お願いします。

　　　　　　　　　　2　はい、いただきます。

　　　　　　　　　　3　ええ、開きませんね。

例題の答え	例題1　3　例題2　1　例題3　4　例題4　2　例題5　2　例題6　2, 3, 1

課題理解　Task- based comprehension

　まず　しつもんを　聞いて　ください。それから　話を　聞いて、もんだいよう
しの　1から4の　中から、いちばん　いい　ものを　一つ　えらんで　ください。

1　♪ N4-9

2　♪ N4-10　　1　ちずに　ほしの　絵を　5つ　かく
　　　　　　　　　2　ほしの　絵を　5つ　あつめる
　　　　　　　　　3　うけつけで　自分の　サインを　する
　　　　　　　　　4　5つの　クイズに　こたえる

3　N4-11　　1　アイオ　　　2　アエオ　　　3　エオ　　　4　イウ

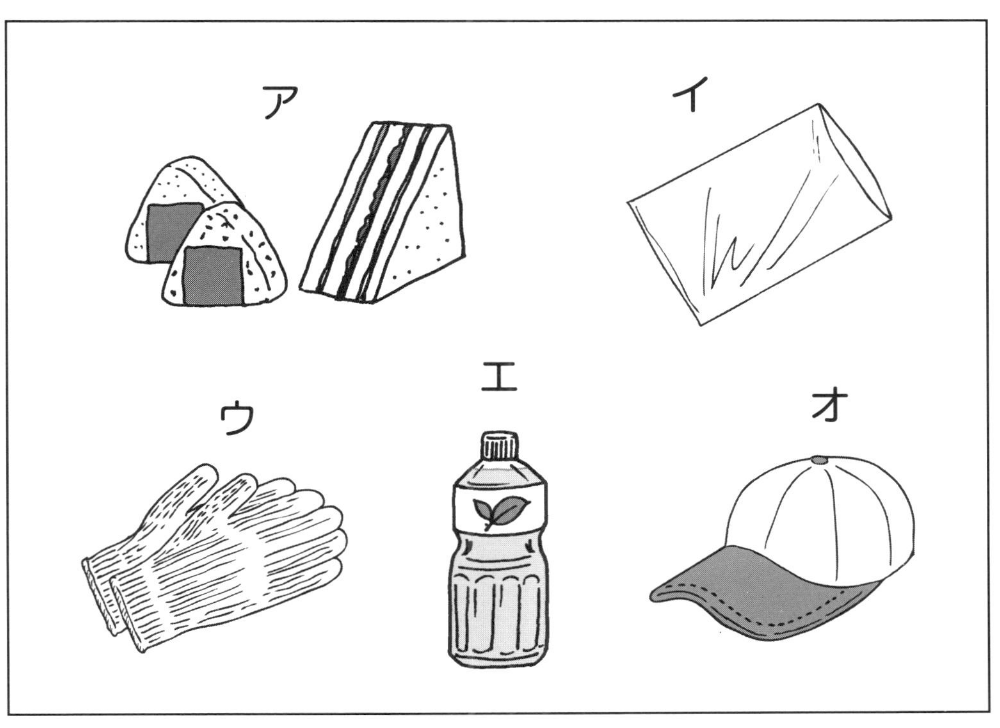
ア
イ
ウ
エ
オ

4　N4-12

2
1
4
3

5 　♪ N4-13

<table>
<tr><th colspan="7">3月
（がつ）</th></tr>
<tr><th>月
（げつ）</th><th>火
（か）</th><th>水
（すい）</th><th>木
（もく）</th><th>金
（きん）</th><th>土
（ど）</th><th>日
（にち）</th></tr>
<tr><td></td><td></td><td></td><td></td><td>1</td><td>2</td><td>3</td></tr>
<tr><td>4</td><td>5</td><td>6</td><td>7</td><td>8</td><td>9</td><td>⑩</td></tr>
<tr><td>⑪</td><td>12</td><td>13</td><td>14</td><td>15</td><td>16</td><td>17</td></tr>
<tr><td>18</td><td>19</td><td>20</td><td>21</td><td>22</td><td>23</td><td>㉔</td></tr>
<tr><td>㉕</td><td>26</td><td>27</td><td>28</td><td>29</td><td>30</td><td>31</td></tr>
</table>

1 → 10
2 → 11
3 → 24
4 → 25

6 　♪ N4-14

1

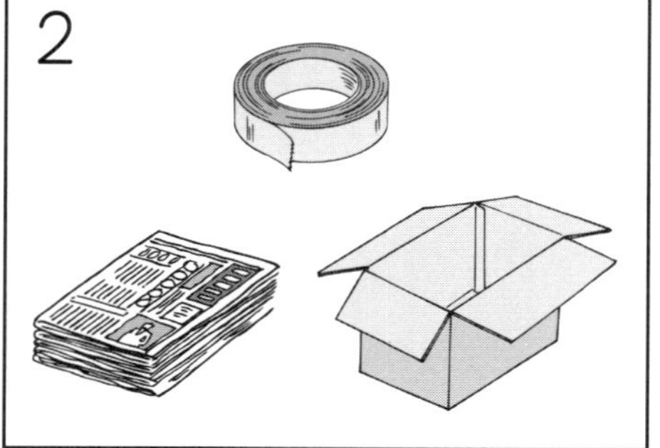

2

3

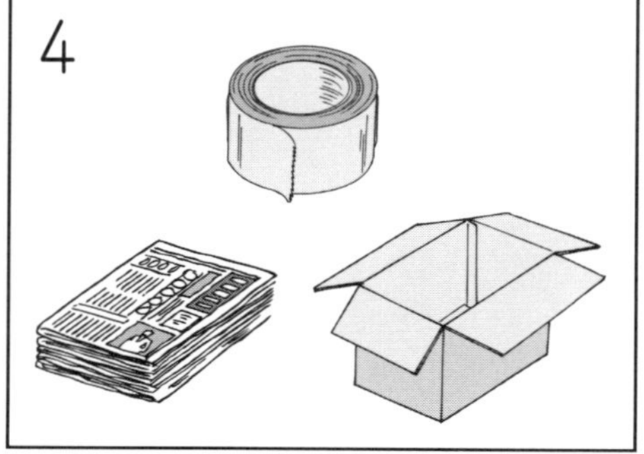

4

7　♪ N4-15

1　2　3　4

8　♪ N4-16

1
名前：ヨウセキ
学生番号：A0602
テーマ：海を守るために

2
学生番号：A0602
名前：ヨウセキ
テーマ：海を守るために

3
テーマ：海を守るために
学生番号：A0602
名前：ヨウセキ

4
テーマ：海を守るために
名前：ヨウセキ
学生番号：A0602

課題理解 Task- based comprehension

　まず　しつもんを　聞いて　ください。それから　話を　聞いて、もんだいよう
しの　1から4の　中から、いちばん　いい　ものを　一つ　えらんで　ください。

1　♪ N4-17

2　♪ N4-18　　1　びょういん

　　　　　　　　　2　えき

　　　　　　　　　3　スーパー

　　　　　　　　　4　くだものや

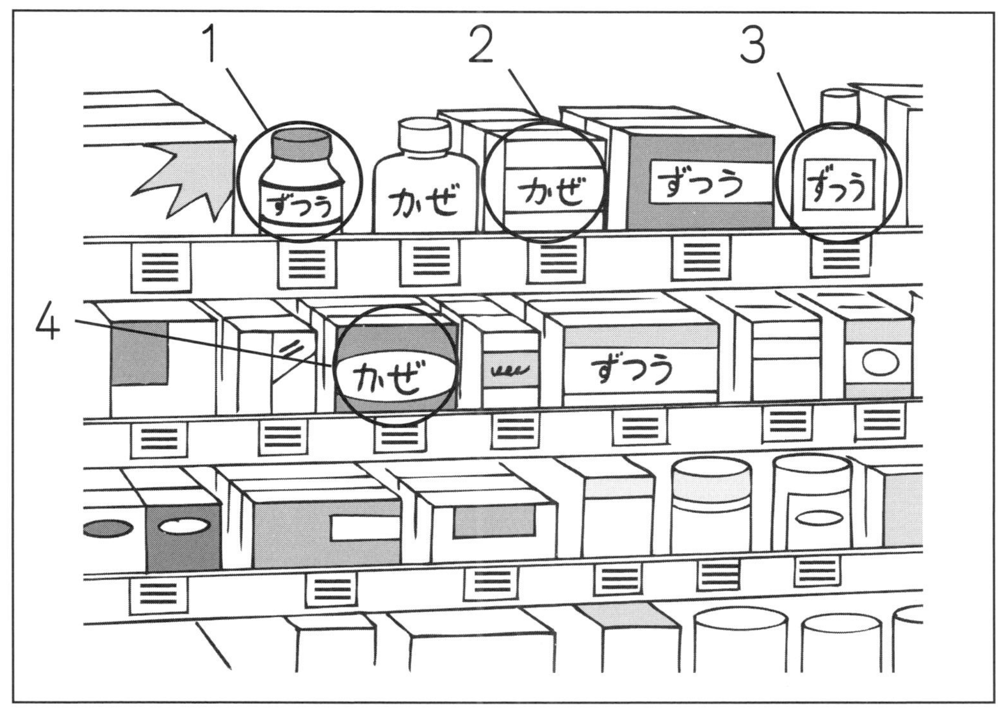

4 ♪ N4-20

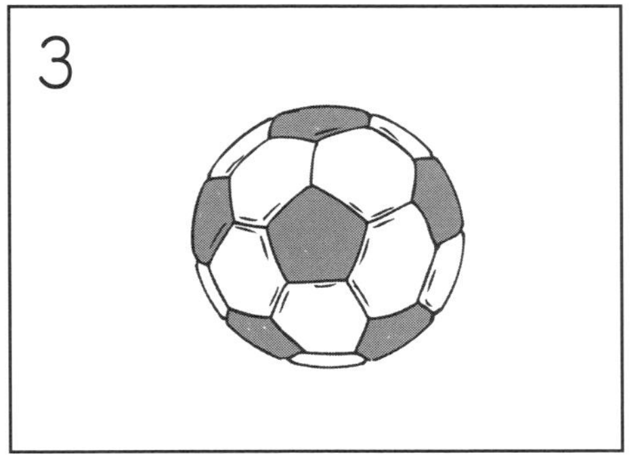

5 ♪ N4-21　　1　アウ　　　　2　アイ　　　　3　イウ　　　　4　イエ

6 ♪ N4-22

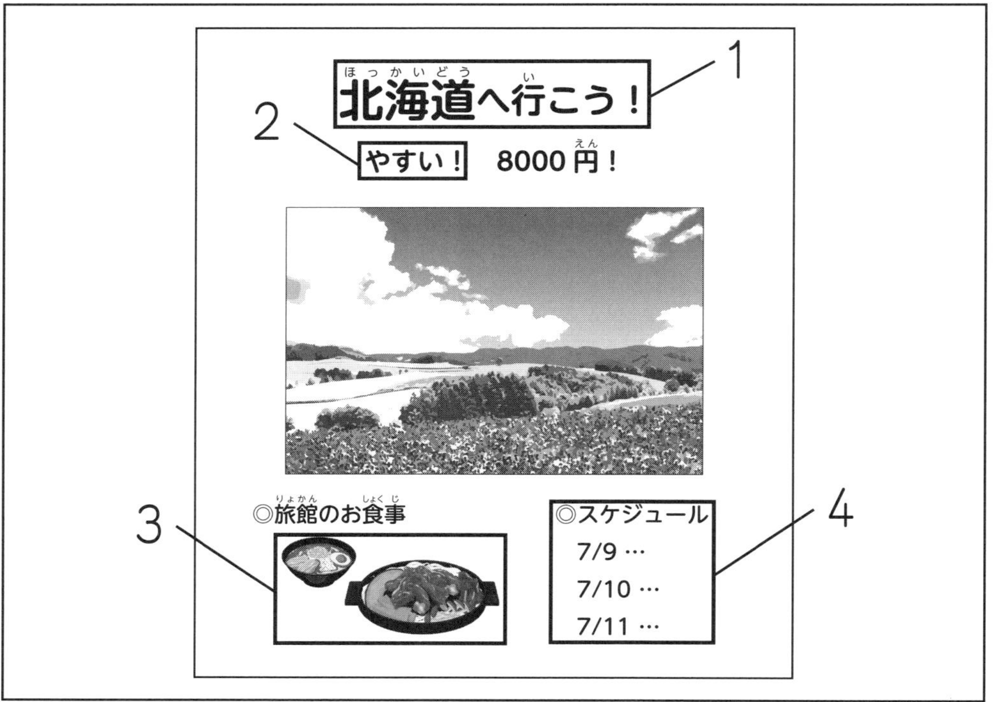

8　♪ N4-24　　1　アイ　　　　2　アイウ　　　　3　イウ　　　　4　イウエ

　まず　しつもんを　聞いて　ください。それから　話を　聞いて、もんだいよう
しの　1から4の　中から、いちばん　いい　ものを　一つ　えらんで　ください。

1 ♪ N4-25

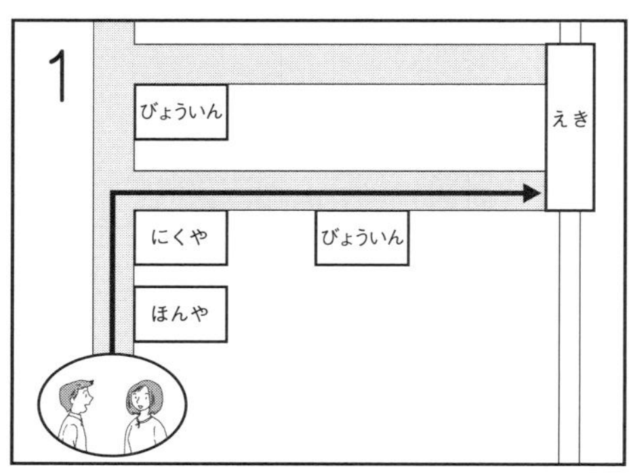

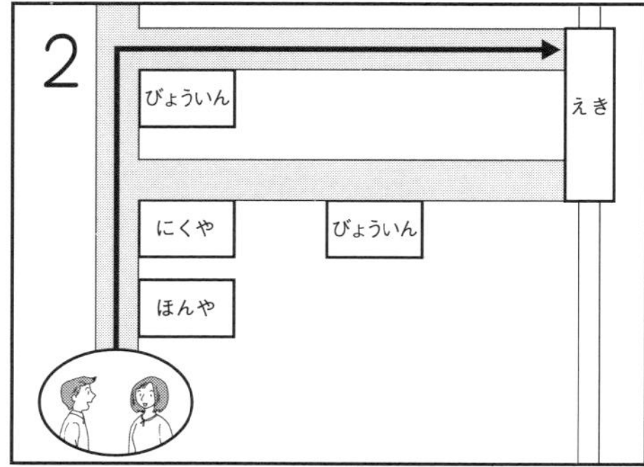

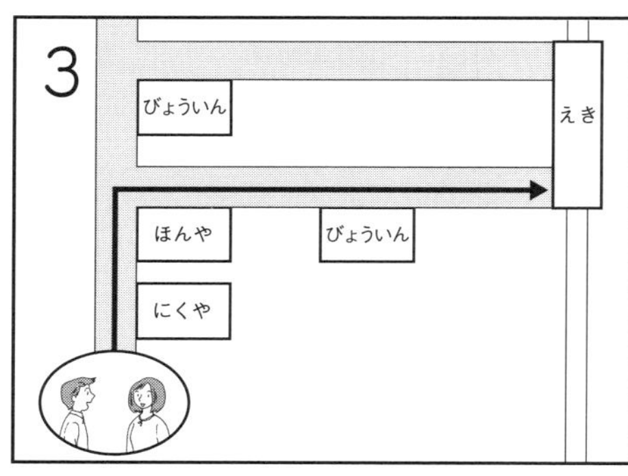

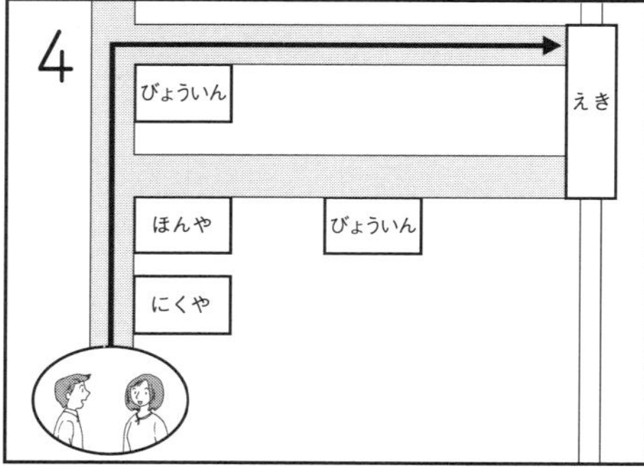

2 ♪ N4-26　　1　しょくどう

　　　　　　　　2　301きょうしつ

　　　　　　　　3　401きょうしつ

　　　　　　　　4　びょういん

3　N4-27

4　N4-28

5 ♪ N4-29

6 ♪ N4-30

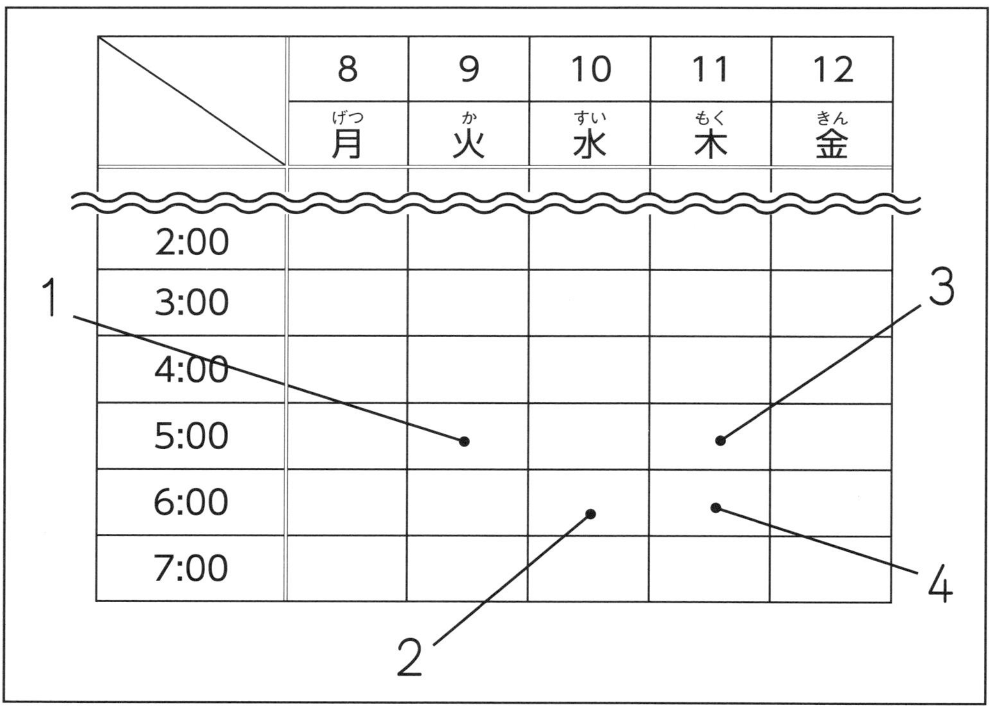

 ♪ N4-31

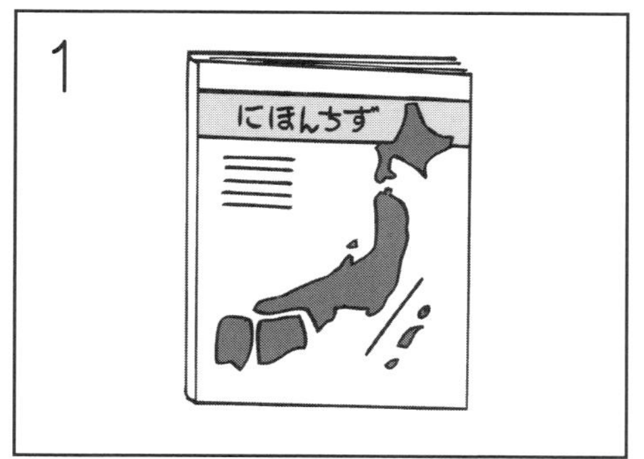

 ♪ N4-32

聴解
第7週／3日目

課題理解 Task- based comprehension

まず　しつもんを　聞いて　ください。それから　話を　聞いて、もんだいよう
しの　1から4の　中から、いちばん　いい　ものを　一つ　えらんで　ください。

1　♪ N4-33　　1　アイ　　　　　2　イエ　　　　　3　アウ　　　　　4　ウエ

2　♪ N4-34　　1　たかはしさんの　会社へ　行く
　　　　　　　　2　じぶんの　会社へ　もどる
　　　　　　　　3　じぶんの　会社の　人に　電話する
　　　　　　　　4　デパートへ　行く

♪ N4-35

4

♪ N4-36

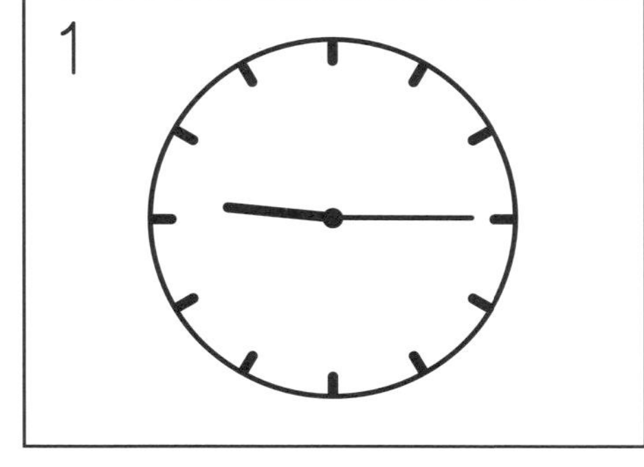 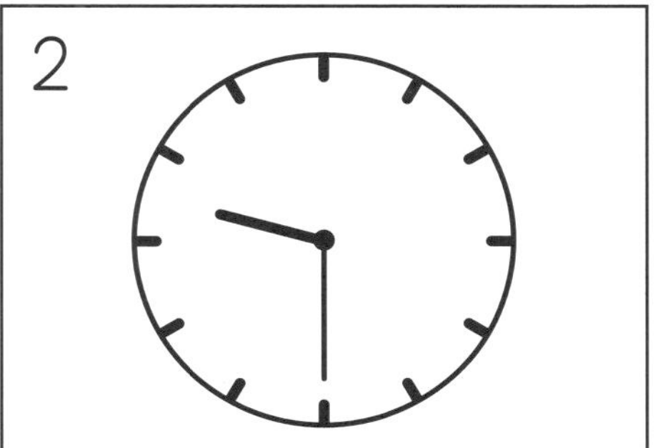

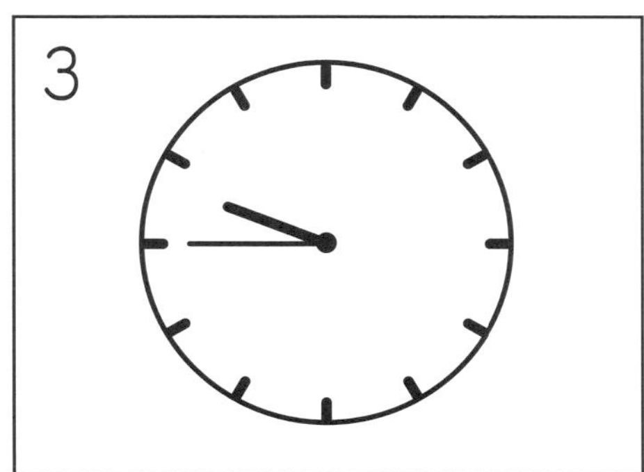 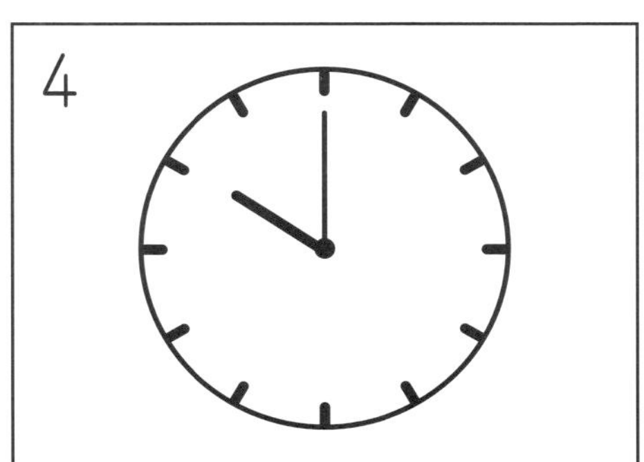

5 ♪ N4-37

6 ♪ N4-38

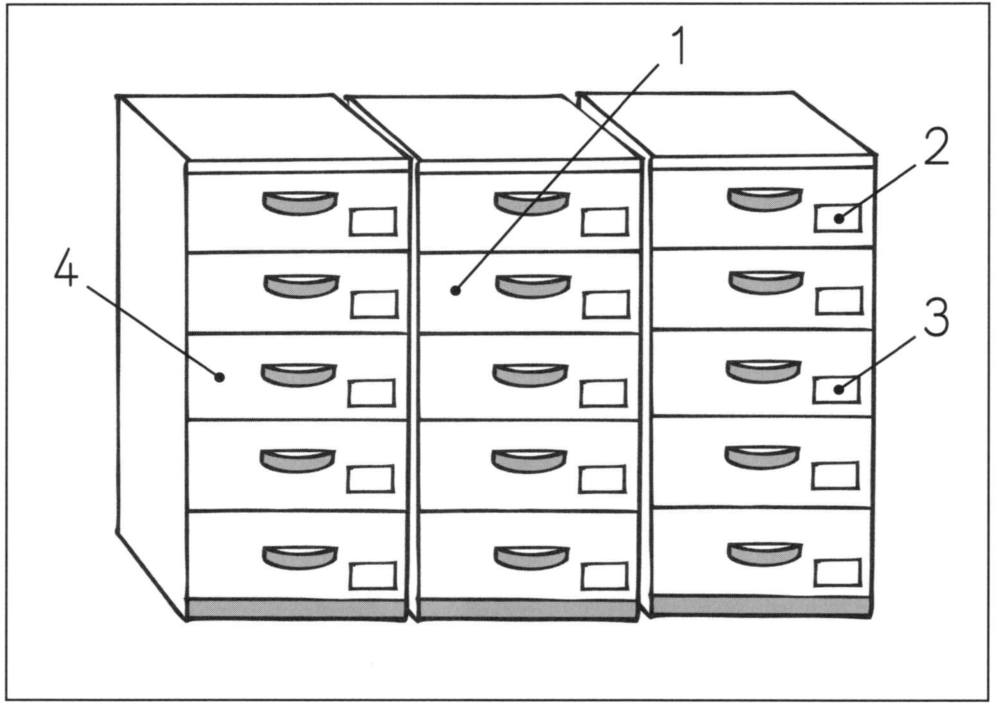

7 ♪ N4-39

8 ♪ N4-40

課題理解 Task-based comprehension

　まず　しつもんを　聞いて　ください。それから　話を　聞いて、もんだいよう
しの　1から4の　中から、いちばん　いい　ものを　一つ　えらんで　ください。

1 　♪ N4-41

2 　♪ N4-42　　1　2かいの　左の　へや

　　　　　　　　2　2かいの　右の　へや

　　　　　　　　3　おみやげうりば

　　　　　　　　4　レストラン

聴解
第7週／5日目

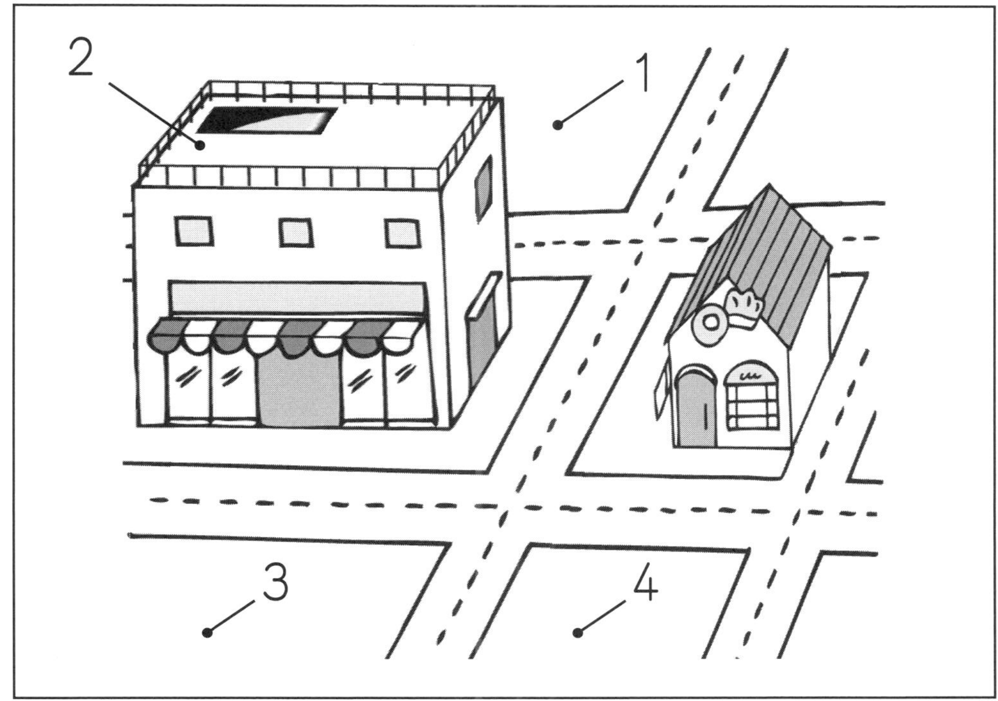

4　♪ N4-44

5 N4-45

6 N4-46

7　♪ N4-47

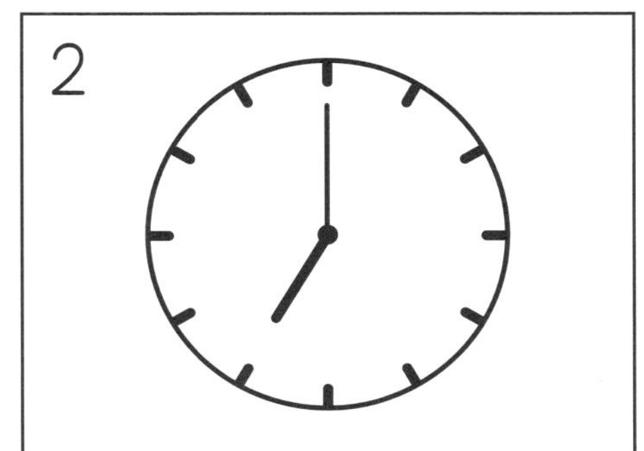

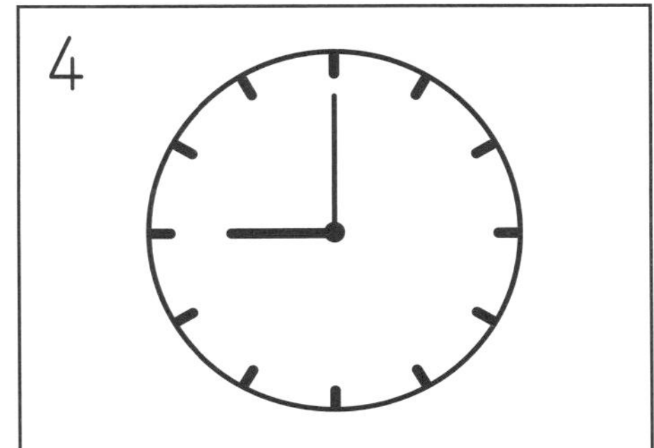

8　♪ N4-48

ポイント理解 Point comprehension

　まず　しつもんを　聞いて　ください。そのあと、もんだいようしを　見て　ください。読む　時間が　あります。それから　話を　聞いて、もんだいようしの　1から4の　中から、いちばん　いい　ものを　一つ　えらんで　ください。

1　♪ N4-49
1　かぎを　わすれたから
2　ストーブが　消えて　いるか　たしかめたかったから
3　トイレに　行きたく　なったから
4　けいたい電話を　わすれたから

2　♪ N4-50
1　うみへ　行った
2　へやを　そうじした
3　友だちと　あそんだ
4　DVDを　見た

3　♪ N4-51
1　しゅっせきを　かくにんした　あと
2　すうがくの　じゅぎょうの　あと
3　こくごの　じゅぎょうの　あと
4　たいいくの　じゅぎょうの　あと

4 ♪ N4-52

1　ごぜん0時半（じはん）までに　なる

2　ごぜん1時（じ）までに　なる

3　ごぜん5時（じ）までに　なる

4　ごぜん5時半（じはん）からに　なる

5 ♪ N4-53

1　「いってらっしゃいませ」と　言（い）われたこと

2　「おかえりなさい」と　言（い）われたこと

3　たんじょう日（び）に　ケーキを　くれたこと

4　いろいろな　サービスが　えらべること

6 ♪ N4-54

1　4時（じ）45分（ふん）から　10分間（ぷんかん）

2　4時（じ）45分（ふん）から　15分間（ぷんかん）

3　5時（じ）から　10分間（ぷんかん）

4　5時（じ）から　15分間（ぷんかん）

7 ♪ N4-55

1　ケーキを　かいたいから

2　ほんを　かいたいから

3　としょカードを　かいたいから

4　コーヒーを　かいたいから

ポイント理解 Point comprehension

　まず　しつもんを　聞いて　ください。そのあと、もんだいようしを　見て　ください。読む　時間が　あります。それから　話を　聞いて、もんだいようしの　1から4の　中から、いちばん　いい　ものを　一つ　えらんで　ください。

1　🎵 N4-56
1　火よう日の　午後
2　木よう日の　午前
3　木よう日の　午後
4　土よう日の　午前

2　🎵 N4-57
1　ケーキを　つくって　いる　ところを　見せる
2　きゃくに　おかしを　プレゼントする
3　おかしきょうしつを　ひらく
4　店を　はやく　しめる

3　🎵 N4-58
1　てぶくろ
2　ハンカチ
3　かぎ
4　ペン

4	♪ N4-59	1 あかい　くすりを　のむ
		2 白_{しろ}い　くすりを　のむ
		3 びょういんに　行_いく
		4 くすりを　のむのを　やめる

<table>
<tr><td>4</td><td>♪ N4-59</td><td>1 あかい　くすりを　のむ
2 白い　くすりを　のむ
3 びょういんに　行く
4 くすりを　のむのを　やめる</td></tr>
</table>

4　♪ N4-59
1　あかい　くすりを　のむ
2　白（しろ）い　くすりを　のむ
3　びょういんに　行（い）く
4　くすりを　のむのを　やめる

5　♪ N4-60
1　しゅくだいを　すること
2　かぎを　かけること
3　かぎを　もって　くること
4　母（はは）と　やくそくしたこと

6　♪ N4-61
1　ノートを　なくしたから
2　ノートを　コピーしたかったから
3　ノートを　かえしたかったから
4　ノートを　かりたかったから

7　♪ N4-62
1　7時半（じはん）
2　8時（じ）
3　8時45分（じふん）
4　9時50分（じふん）

ポイント理解 Point comprehension

　まず　しつもんを　聞いて　ください。そのあと、もんだいようしを　見て　ください。読む　時間が　あります。それから　話を　聞いて、もんだいようしの　1から4の　中から、いちばん　いい　ものを　一つ　えらんで　ください。

1　♪ N4-63　1　6時
　　　　　　　　　2　7時
　　　　　　　　　3　9時半
　　　　　　　　　4　10時

2　♪ N4-64　1　おなかが　いたかったから
　　　　　　　　　2　あたまが　いたかったから
　　　　　　　　　3　けんきゅう会へ　行ったから
　　　　　　　　　4　ねつが　あったから

3　♪ N4-65　1　カラオケ
　　　　　　　　　2　えいが
　　　　　　　　　3　プール
　　　　　　　　　4　デパート

4　♪ N4-66　1　やきゅう
　　　　　　　2　テニス
　　　　　　　3　たっきゅう
　　　　　　　4　サッカー

5　♪ N4-67　1　雨が　ふる
　　　　　　　2　くもりに　なる
　　　　　　　3　ゆきが　すこし　ふる
　　　　　　　4　ゆきが　たくさん　ふる

6　♪ N4-68　1　3ページめ
　　　　　　　2　8ページめ
　　　　　　　3　16ページめ
　　　　　　　4　20ページめ

7　♪ N4-69　1　あに
　　　　　　　2　あね
　　　　　　　3　おとうと
　　　　　　　4　いもうと

ポイント理解 Point comprehension

　まず　しつもんを　聞いて　ください。そのあと、もんだいようしを　見て　ください。読む　時間が　あります。それから　話を　聞いて、もんだいようしの1から4の　中から、いちばん　いい　ものを　一つ　えらんで　ください。

1　♪ N4-70　1　パーティーを　する
　　　　　　　　2　けっこんしきに　出る
　　　　　　　　3　プレゼントを　かいに　行く
　　　　　　　　4　ケーキを　つくる

2　♪ N4-71　1　104きょうしつ
　　　　　　　　2　105きょうしつ
　　　　　　　　3　202きょうしつ
　　　　　　　　4　304きょうしつ

3　♪ N4-72　1　はやく　おきるから
　　　　　　　　2　電車が　こんで　いないから
　　　　　　　　3　コーヒーが　のみたいから
　　　　　　　　4　たいせつな　かいぎが　あるから

4　♪ N4-73　　1　どうぶつえん
　　　　　　　　2　ほんや
　　　　　　　　3　きっさてん
　　　　　　　　4　えいがかん

5　♪ N4-74　　1　友だちに　会う
　　　　　　　　2　しゅっちょうを　する
　　　　　　　　3　パーティーを　する
　　　　　　　　4　うちで　ＤＶＤを　見る

6　♪ N4-75　　1　レポートを　書いたから
　　　　　　　　2　しゅくだいが　多すぎるから
　　　　　　　　3　アルバイトを　したから
　　　　　　　　4　バスケットボールの　れんしゅうを　したから

7　♪ N4-76　　1　さむかったから
　　　　　　　　2　たんじょう日だったから
　　　　　　　　3　コートが　古くなったから
　　　　　　　　4　ふとって　しまったから

ポイント理解 Point comprehension

　まず　しつもんを　聞いて　ください。そのあと、もんだいようしを　見て　ください。読む　時間が　あります。それから　話を　聞いて、もんだいようしの　1から4の　中から、いちばん　いい　ものを　一つ　えらんで　ください。

1　♪ N4-77
1　前の日の　ごはんが　のこったから
2　からだに　いいし、安いから
3　とりにくが　安かったから
4　女の　学生に　たのまれたから

2　♪ N4-78
1　たてものを　しゅうりするから
2　にわを　つくることに　なったから
3　パソコンきょうしつに　かわるから
4　りようしゃが　へって　いるから

3　♪ N4-79
1　かんじの　しゅくだい
2　ぶんぽうの　しゅくだい
3　かんじと　さくぶんの　しゅくだい
4　ぶんぽうと　さくぶんの　しゅくだい

4　♪ N4-80

1　うみで　つりが　したい
2　うちで　ゲームが　したい
3　山で　キャンプが　したい
4　おんせんに　行きたい

5　♪ N4-81

1　子どもが　あそんで　いる　え
2　あかい　はなと　ねこの　え
3　ねて　いる　いぬの　え
4　きれいな　けしきの　え

6　♪ N4-82

1　あたらしい　ことばを　おぼえること
2　しぜんな　日本語を　話すこと
3　日本語で　ひとりの　人と　話すこと
4　日本語で　たくさんの　人と　話すこと

7　♪ N4-83

1　りょうり
2　りょこう
3　スキー
4　食べること

発話表現 Utterance expressions

えを　見ながら　しつもんを　聞いて　ください。➡　（やじるし）の　人は　何と　言いますか。1から3の　中から、いちばん　いい　ものを　一つ　えらんで　ください。

1　♪ N4-84　　1　　　2　　　3

2　♪ N4-85　　1　　　2　　　3

3 ♪ N4-86　　1　　　　2　　　　3

4 ♪ N4-87　　1　　　　2　　　　3

5 ♪ N4-88　　1　　　　2　　　　3

えなどが　ありません。まず　ぶんを　聞いて　ください。それから、そのへんじを　聞いて、1から3の　中から、いちばん　いい　ものを　一つ　えらんで　ください。

1	♪ N4-89	1	2	3		5	♪ N4-93	1	2	3
2	♪ N4-90	1	2	3		6	♪ N4-94	1	2	3
3	♪ N4-91	1	2	3		7	♪ N4-95	1	2	3
4	♪ N4-92	1	2	3		8	♪ N4-96	1	2	3

えを　見ながら　しつもんを　聞いて　ください。➡（やじるし）の　人は　何と　言いますか。1から3の　中から、いちばん　いい　ものを　一つ　えらんでください。

1　🎵 N4-97　　1　　　2　　　3

2　🎵 N4-98　　1　　　2　　　3

3 ♪ N4-99　　1　　　2　　　3

4 ♪ N4-100　　1　　　2　　　3

5 ♪ N4-101　　1　　　2　　　3

えなどが　ありません。まず　ぶんを　聞いて　ください。それから、そのへんじを　聞いて、1から3の　中から、いちばん　いい　ものを　一つ　えらんで　ください。

1	♪ N4-102	1	2	3		5	♪ N4-106	1	2	3
2	♪ N4-103	1	2	3		6	♪ N4-107	1	2	3
3	♪ N4-104	1	2	3		7	♪ N4-108	1	2	3
4	♪ N4-105	1	2	3		8	♪ N4-109	1	2	3

聴解

第9週／2日目

153

発話表現 Utterance expressions

　えを　見ながら　しつもんを　聞いて　ください。➡（やじるし）の　人は　何と　言いますか。1から3の　中から、いちばん　いい　ものを　一つ　えらんでください。

1　🎵 N4-110　　1　　　2　　　3

2　🎵 N4-111　　1　　　2　　　3

3 ♪ N4-112　　1　　　2　　　3

4 ♪ N4-113　　1　　　2　　　3

5 ♪ N4-114　　1　　　2　　　3

そく じ おうとう

　えなどが　ありません。まず　ぶんを　聞いて　ください。それから、そのへんじを　聞いて、1から3の　中から、いちばん　いい　ものを　一つ　えらんで　ください。

1	♪ N4-115	1	2	3		5	♪ N4-119	1	2	3
2	♪ N4-116	1	2	3		6	♪ N4-120	1	2	3
3	♪ N4-117	1	2	3		7	♪ N4-121	1	2	3
4	♪ N4-118	1	2	3		8	♪ N4-122	1	2	3

聴解

第9週／3日目

発話表現 Utterance expressions

　えを　見ながら　しつもんを　聞いて　ください。➡（やじるし）の　人は　何と　言いますか。1から3の　中から、いちばん　いい　ものを　一つ　えらんで　ください。

1　♪ N4-123　　　1　　　　2　　　　3

2　♪ N4-124　　　1　　　　2　　　　3

3 N4-125　　1　　2　　3

4 N4-126　　1　　2　　3

5 N4-127　　1　　2　　3

えなどが　ありません。まず　ぶんを　聞いて　ください。それから、そのへんじを　聞いて、1から3の　中から、いちばん　いい　ものを　一つ　えらんで　ください。

		1	2	3				1	2	3
1	♪ N4-128	1	2	3		**5**	♪ N4-132	1	2	3
2	♪ N4-129	1	2	3		**6**	♪ N4-133	1	2	3
3	♪ N4-130	1	2	3		**7**	♪ N4-134	1	2	3
4	♪ N4-131	1	2	3		**8**	♪ N4-135	1	2	3

発話表現 （はつわひょうげん）　Utterance expressions

　えを　見（み）ながら　しつもんを　聞（き）いて　ください。➡（やじるし）の　人（ひと）は　何（なん）と　言（い）いますか。1から3の　中（なか）から、いちばん　いい　ものを　一（ひと）つ　えらんで　ください。

1　♪ N4-136　　1　　　2　　　3

2　♪ N4-137　　1　　　2　　　3

♪ N4-138   1   2   3

♪ N4-139   1   2   3

♪ N4-140   1   2   3

聴解（ちょうかい）

第9週／5日目

えなどが　ありません。まず　ぶんを　聞いて　ください。それから、そのへんじを　聞いて、1から3の　中から、いちばん　いい　ものを　一つ　えらんで　ください。

1	♪ N4-141	1	2	3			
5	♪ N4-145	1	2	3			
2	♪ N4-142	1	2	3			
6	♪ N4-146	1	2	3			
3	♪ N4-143	1	2	3			
7	♪ N4-147	1	2	3			
4	♪ N4-144	1	2	3			
8	♪ N4-148	1	2	3			

聴解

第9週／5日目

JLPT N4

全科目攻略！

日本語能力試験ベスト総合問題集

Succeed in all sections!

The Best Complete Workbook

for the Japanese-Language Proficiency Test

別冊
（べっさつ）

第1週　1日目

漢字読み Kanji reading (p.20)

| 1 | 3 | 2 | 2 | 3 | 4 | 4 | 2 | 5 | 3 | 6 | 2 |
| 7 | 3 |

表記 Orthography (p.21)

| 1 | 4 | 2 | 1 | 3 | 3 | 4 | 4 | 5 | 1 |

文脈規定 Contextually-defined expressions (p.22)

| 1 | 2 | 2 | 3 | 3 | 4 | 4 | 1 | 5 | 3 | 6 | 1 |
| 7 | 4 | 8 | 2 |

言い換え類義 Paraphrases (p.23)

| 1 | 2 | 2 | 3 | 3 | 4 | 4 | 1 |

第1週　2日目

漢字読み Kanji reading (p.24)

| 1 | 1 | 2 | 2 | 3 | 3 | 4 | 4 | 5 | 2 | 6 | 1 |
| 7 | 1 |

表記 Orthography (p.25)

| 1 | 3 | 2 | 4 | 3 | 1 | 4 | 3 | 5 | 2 |

文脈規定 Contextually-defined expressions (p.26)

| 1 | 3 | 2 | 4 | 3 | 2 | 4 | 1 | 5 | 2 | 6 | 3 |
| 7 | 1 | 8 | 4 |

言い換え類義 Paraphrases (p.27)

| 1 | 3 | 2 | 1 | 3 | 3 | 4 | 4 |

第1週　3日目

漢字読み Kanji reading (p.28)

| 1 | 2 | 2 | 4 | 3 | 3 | 4 | 1 | 5 | 2 | 6 | 3 |
| 7 | 1 |

表記 Orthography (p.29)

| 1 | 3 | 2 | 1 | 3 | 2 | 4 | 4 | 5 | 1 |

文脈規定 Contextually-defined expressions (p.30)

| 1 | 1 | 2 | 2 | 3 | 3 | 4 | 2 | 5 | 4 | 6 | 1 |
| 7 | 3 | 8 | 4 |

言い換え類義 Paraphrases (p.31)

| 1 | 2 | 2 | 4 | 3 | 1 | 4 | 3 |

第1週　4日目

漢字読み Kanji reading (p.32)

| 1 | 2 | 2 | 3 | 3 | 4 | 4 | 2 | 5 | 1 | 6 | 4 |
| 7 | 4 |

表記 Orthography (p.33)

| 1 | 3 | 2 | 4 | 3 | 1 | 4 | 3 | 5 | 2 |

文脈規定 Contextually-defined expressions (p.34)

| 1 | 1 | 2 | 4 | 3 | 2 | 4 | 1 | 5 | 4 | 6 | 3 |
| 7 | 2 | 8 | 1 |

言い換え類義 Paraphrases (p.35)

| 1 | 1 | 2 | 2 | 3 | 2 | 4 | 3 |

第1週　5日目

漢字読み Kanji reading (p.36)

| 1 | 1 | 2 | 4 | 3 | 2 | 4 | 4 | 5 | 1 | 6 | 1 |
| 7 | 3 |

表記 Orthography (p.37)

| 1 | 1 | 2 | 4 | 3 | 2 | 4 | 2 | 5 | 3 |

文脈規定 Contextually-defined expressions (p.38)

| 1 | 1 | 2 | 3 | 3 | 4 | 4 | 1 | 5 | 2 | 6 | 2 |
| 7 | 4 | 8 | 3 |

言い換え類義 Paraphrases (p.39)

| 1 | 3 | 2 | 1 | 3 | 3 | 4 | 4 |

第2週　1日目

用法 Usage (p.40)

| 1 | 2 | 2 | 4 | 3 | 3 | 4 | 2 |

文の組み立て Sentence composition (p.41)

| 1 | 4 | 2 | 3 | 3 | 3 | 4 | 4 |

第2週　2日目

用法 Usage (p.42)

| 1 | 4 | 2 | 2 | 3 | 1 | 4 | 3 |

文の組み立て Sentence composition (p.43)

| 1 | 1 | 2 | 2 | 3 | 3 | 4 | 2 |

第2週　3日目

用法 Usage (p.44)

1	2	3	4
3	1	4	2

文の組み立て Sentence composition (p.45)

1	2	3	4
1	4	1	4

第2週　4日目

用法 Usage (p.46)

1	2	3	4
3	1	2	3

文の組み立て Sentence composition (p.47)

1	2	3	4
4	1	2	1

第2週　5日目

用法 Usage (p.48)

1	2	3	4
2	3	2	4

文の組み立て Sentence composition (p.49)

1	2	3	4
3	4	2	1

第3週　1日目

文法形式の判断 Selecting grammar form (pp.50-51)

1	2	3	4	5	6
2	2	3	3	4	2

7	8	9	10	11	12
4	3	1	3	4	1

13
3

文章の文法 Text grammar (pp.52-53)

1	2	3	4
3	1	2	4

第3週　2日目

文法形式の判断 Selecting grammar form (pp.54-55)

1	2	3	4	5	6
2	1	4	3	1	3

7	8	9	10	11	12
4	1	4	3	2	2

13
1

文章の文法 Text grammar (pp.56-57)

1	2	3	4
3	2	4	1

第3週　3日目

文法形式の判断 Selecting grammar form (pp.58-59)

1	2	3	4	5	6
4	2	4	1	2	1

7	8	9	10	11	12
3	3	4	2	2	1

13
2

文章の文法 Text grammar (pp.60-61)

1	2	3	4
1	3	2	4

第3週　4日目

文法形式の判断 Selecting grammar form (pp.62-63)

1	2	3	4	5	6
2	4	1	4	2	3

7	8	9	10	11	12
1	4	1	3	3	2

13
3

文章の文法 Text grammar (pp.64-65)

1	2	3	4
4	2	3	1

第3週　5日目

文法形式の判断 Selecting grammar form (pp.66-67)

1	2	3	4	5	6
2	2	3	2	3	1

7	8	9	10	11	12
2	3	2	1	4	1

13
2

文章の文法 Text grammar (pp.68-69)

1	2	3	4
2	3	4	3

第4週　1日目

内容理解（短文）
Comprehension (Short passages) (pp.78-79)

(1) 1 → 4　(2) 1 → 3　(3) 1 → 3

第4週　2日目

内容理解（短文）
Comprehension (Short passages) (pp.80-81)

(1) 1 → 4　(2) 1 → 3　(3) 1 → 4

第4週　3日目

内容理解（短文）
Comprehension (Short passages) (pp.82-83)

(1) 1 → 2　(2) 1 → 4　(3) 1 → 2

第4週　4日目

内容理解（短文）
Comprehension (Short passages) (pp.84-85)

(1) 1 → 4　(2) 1 → 4　(3) 1 → 3

第4週　5日目

内容理解（短文）
Comprehension (Short passages) (pp.86-87)

(1) 1 → 2　(2) 1 → 1　(3) 1 → 4

第8週　4日目

ポイント理解 Point comprehension (pp.144-145)

1	3	2	2	3	3	4	2	5	1	6	4
7	4										

第8週　5日目

ポイント理解 Point comprehension (pp.146-147)

1	1	2	1	3	1	4	3	5	2	6	4
7	3										

第9週　1日目

発話表現 Utterance expressions (pp.148-149)

1	2	2	3	3	1	4	2	5	2

即時応答 Quick response (p.150)

1	2	2	3	3	2	4	2	5	1	6	2
7	3	8	1								

第9週　2日目

発話表現 Utterance expressions (pp.151-152)

1	1	2	2	3	1	4	3	5	3

即時応答 Quick response (p.153)

1	1	2	3	3	1	4	1	5	2	6	1
7	2	8	3								

第9週　3日目

発話表現 Utterance expressions (pp.154-155)

1	2	2	3	3	3	4	1	5	2

即時応答 Quick response (p.156)

1	2	2	1	3	3	4	2	5	1	6	3
7	2	8	1								

第9週　4日目

発話表現 Utterance expressions (pp.157-158)

1	2	2	3	3	1	4	2	5	1

即時応答 Quick response (p.159)

1	2	2	3	3	1	4	1	5	3	6	2
7	2	8	1								

第9週　5日目

発話表現 Utterance expressions (pp.160-161)

1	3	2	2	3	1	4	2	5	3

即時応答 Quick response (p.162)

1	1	2	2	3	2	4	3	5	3	6	2
7	1	8	2								

第7週　1日目

課題理解 Task-based comprehension　pp.118-121

1　🎵 N4-9　答え　4

家で女の人と男の人が話しています。女の人はどのようにお皿に食べ物を置きますか。

女：あ、今日はハンバーグか、おいしそうだね。何か手伝うよ。

男：じゃあ、今ちょうど焼けたから、お皿にのせてくれる？

女：うん、四角いお皿と丸いお皿、どっちがいい？

男：丸いほうがいいね。

女：わかった。

男：お皿の上のほうにサラダをのせて、それから右下にご飯をのせて。

女：ハンバーグは、どこに置くの？

男：ハンバーグはご飯の横に置いてほしいんだ。そして、その左側に卵を置いて。

女：なるほど、わかった。

女の人はどのようにお皿に食べ物を置きますか。

2　🎵 N4-10　答え　4

公園のイベントで係の人が話しています。このイベントに参加する人は、記念品をもらうために何をしなければなりませんか。

男：えー、では、今からこのイベントの説明をします。まず、お配りした地図を見てください。5つの場所に星の絵が書いてありますね。そこで待っている係が、皆さんに問題を出します。そして、その問題に答えられると、係が紙にサインをします。5つの場所のサインをすべて集めたら、こちらの受付にお戻りください。記念品をお渡しします。すべてのサインがないと、記念品をお渡できませんよ。皆さん、がんばってくださいね。

このイベントに参加する人は、記念品をもらうために何をしなければなりませんか。

3　🎵 N4-11　答え　2

日本語学校で先生が話しています。学生は公園へ何を持っていかなければなりませんか。

女：えー、明日は中央公園に行って、ごみ拾いのボランティアをします。ボランティアの後、公園でご飯を食べますから、皆さんは何か自分が食べるものを持ってきてください。ごみ袋とごみを拾うのに使う手袋は、私が準備して持っていきます。あ、それから明日は暑くなりますから、必ずぼうしと飲み物を持ってきてくださいね。

学生は公園へ何を持っていかなければなりませんか。

4　🎵 N4-12　答え　4

会社で男の人と女の人が話しています。男の人はどこに花びんを置きますか。

男：山本さん、この花びんはどこに置けばいいでしょうか。

女：あ、それは受付に置く予定なんだけど、まだ受付が片付いていないから、今は棚の上に置いておいてくれる？

男：はい。

女：あ、でも、そこは太陽の光が当たって花によくないね。ごめん、やっぱり部屋のすみに置いてもらえる？ドアのほうは邪魔になるから、あっちにしてね。

男：はい、わかりました。

男の人はどこに花びんを置きますか。

5　🎵 N4-13　答え　4

電気屋で店の人と女の人が話しています。店の人はいつ冷蔵庫を届けますか。

男：いらっしゃいませ。

女：あの、この冷蔵庫がほしいんですが、うちまで届けていただくことはできますか。

男：はい、こちらの冷蔵庫なら、早くてあさっての10日にお届けできますよ。

女：そうですか。実は、今私が使っている冷蔵庫
　　を娘にあげる予定なんですが、それが再来週
　　の日曜日なんです。なので、その日にこの新
　　しい冷蔵庫を届けてほしいんですけど。

男：再来週の日曜日ですね。わかりました。

女：あ、でも、娘がうちに取りに来るのが夜遅い
　　から、その次の日にしてもらえますか。

男：はい。では、そのようにいたします。

店の人はいつ冷蔵庫を届けますか。

6　♪ N4-14　答え　3

電話で娘と父親が話しています。父親は何を持って
いきますか。

女：もしもし、お父さん？　週末、私のうちに来る
　　とき、持ってきてほしいものがあるんだ。

男：何？

女：古い新聞紙。多ければ多いほどうれしい。

男：うちにたくさんあるから持っていくけど、何
　　に使うの？

女：友だちに食器を送ってあげたいんだけど、割
　　れないように包む紙がないんだ。

男：じゃ、箱も持っていこうか？

女：ううん、それはあるから大丈夫。あ、箱を閉
　　じるのに使う太いテープもお願い。

男：わかった。

父親は何を持っていきますか。

7　♪ N4-15　答え　3

スーパーで女の人と店の人が話しています。女の人
はどこに行きますか。

女：すみません、チョコレートを探しているんで
　　すが。

男：あ、チョコレートはとなりの列の右側です。

女：ええ。そう思って行ったんですが、ないんで
　　す。ケーキの上に置くチョコレートのかざり
　　なんですけど。

男：それでしたら、お菓子作りコーナーなので、
　　この列に置いてありますよ。

女：右側ですか。

男：いいえ、左側です。

女：ありがとうございます。

女の人はどこに行きますか。

8　♪ N4-16　答え　2

日本語学校で先生と女の学生が話しています。女の
学生はレポートをどう直しますか。

男：ヨウさん、ちょっといいですか。

女：はい、先生。何でしょうか。

男：これ、昨日出してもらったレポートなんです
　　けど、ここの書き方が違うので、直してから
　　出してください。

女：えっと、名前の場所ですか。

男：そうです。名前は右上に。その上に、学生番
　　号も忘れないでください。

女：はい、すぐ直します。テーマの場所はどうで
　　すか。

男：それは、変える必要はありませんよ。今と同
　　じ真ん中でかまいません。

女：はい、わかりました。

女の学生はレポートをどう直しますか。

課題理解 Task-based comprehension　　pp.122-125

1　♪ N4-17　答え　1

図書館で男の人と図書館の人が話しています。男の
人はこの後何をしますか。

男：あのう、この本を借りたいんですが、どうす
　　ればいいですか。

女：図書館カードは持っていますか。

男：いいえ。初めて来ました。

女：では、あちらの机に紙がありますから、名
　　前、住所、電話番号を書いて、こちらへ持っ
　　てきてください。カードをお作りします。

男：わかりました。

女：本を借りるときは必ずカードを見せてくださ
　　い。返すときはこちらでもいいですし、外に
　　あるポストに入れてもいいです。

男：はい。わかりました。

男の人はこの後何をしますか。

2 ♪ N4-18　答え　4

タクシーで運転手と女の客が話しています。運転手はどこでタクシーを止めますか。

男：どちらまでですか。

女：山中病院までお願いします。

男：北山駅の近くですね。

女：えーと、はい、そうです。すみません、その病院の近くにスーパーがありませんか。

男：一番近いスーパーでも、病院から車で5分ぐらいかかります。歩くと30分ぐらいかかるかもしれません。

女：じゃ、先にスーパーに行ってください。お見舞いに果物を買うので、待っていてもらえませんか。

男：果物なら、病院から歩いて2、3分ぐらいのところに果物屋がありますよ。

女：そうなんですね。じゃ、そこで降ろしてください。

運転手はどこでタクシーを止めますか。

3 ♪ N4-19　答え　1

店で女の人と男の人が話しています。男の人はどの薬を取りますか。

女：ねえ、あの棚の薬、取ってくれる？届かなくて。

男：いいよ。えーと、「かぜ」って書いてある薬？

女：ううん、その上の棚。左のほうに置いてある薬。箱じゃなくて、びんに入っている薬。「頭痛」って書いていない？

男：ああ、これだね。

女：うん、それ。

男の人はどの薬を取りますか。

4 ♪ N4-20　答え　2

日本語学校で先生が話しています。学生は花見に何を持ってこなければなりませんか。

女：えー、来週の月曜日は、南公園でお花見の予定です。10時に出発しますから、遅れないように来てください。桜の木の下で、みんな

で昼ご飯を食べます。飲み物は学校で準備しますが、昼ご飯は自分で準備してください。公園には運動場もあるので、サッカーやバレーボールができます。ボールがある人は持ってきてもいいです。その日は、先生がたくさん写真を撮って、あとで学校の教室のかべに貼りたいと思います。

学生は花見に何を持ってこなければなりませんか。

5 ♪ N4-21　答え　2

レストランで店長と女の店員が話しています。女の店員はこの後何をしますか。

男：皆さん、おはようございます。今日は12時から3時まで結婚パーティーの予約が入っているので、今からその準備をします。昨日話したとおり、始めてください。

女：店長、私は何をすればいいですか。

男：ああ、森田さんは、昨日お休みでしたね。えーと、じゃ、森田さんは窓にこのかざりをきれいに貼ってください。

女：はい。

男：あ、貼る前に、窓をみがいてくださいね。

女：わかりました。

男：ちょっと待って。その前に私と赤井さんが窓の前のテーブルを動かすから、その後でお願いします。

女：わかりました。

男：他の皆さんは、昨日話したとおり、店の前の花や、ドアのかざりをお願いします。

女の店員はこの後何をしますか。

6 ♪ N4-22　答え　2

旅行会社で男の社員と部長が話しています。男の社員はこの後、どこを直しますか。

男：部長、来月から始まる北海道旅行の案内を作ったんですが、見ていただけませんか。

女：ええ、いいですよ。よくできていますね。特に「北海道」の字が大きくて見やすいです。

男：ありがとうございます。何か直したほうがいいところは、ありませんか。

女：そうですね。これは安いということをお客様に知らせたいので、この字を大きくしてください。

男：はい。このスケジュールのサイズはどうでしょうか。ここも大きくしたほうがいいですか。

女：それを大きくすると、写真が見えなくなるので、そのままのほうがいいと思います。旅館の料理の写真はもっと大きいほうがいいと思いますが、さっき言ったところを直してから、考えましょう。

男：わかりました。では、直してまた持ってきます。

男の社員はこの後、どこを直しますか。

---

7 ♪ N4-23　答え　2

電話で男の人と女の人が話しています。男の人は何を買っていきますか。

男：もしもし、ランさん。今、アルバイトが終わったから、これからそっちに行こうと思っているんだけど。

女：お疲れさま。もうみんな来ていて、楽しんでいるよ。

男：いいな。急いで行くよ。何かほしいもの、ある？

女：えーと、食べ物はみんな持ってきてくれて、たくさんあるから大丈夫だけど、飲み物がなくなりそうなんだ。

男：わかった。買っていくよ。あとはいい？

女：うーん、果物か、甘いお菓子があるといいな。

男：じゃ、アルバイトの店長にりんごをもらったから、持っていくよ。

女：わかった。ありがとう。

男の人は何を買っていきますか。

---

8 ♪ N4-24　答え　3

バスの中で案内の人が話しています。客は今日この後何をしますか。

女：みなさま、お帰りなさい。動物園はいかがでしたか。このバスは12時に美術館に着く予定です。美術館の見学の前に、となりのレス

トランで昼ご飯を食べます。美術館の見学の後は、海で船に乗る予定でしたが、天気が悪いので、大変残念ですが、中止になります。明日は、天気がよくなるそうなので、明日、お楽しみいただけると思います。

客は今日この後何をしますか。

課題理解 Task-based comprehension　　pp.126-129

1 ♪ N4-25　答え　2

道で男の人と女の人が話しています。男の人はどのように駅へ行きますか。

男：すみません。南駅への行き方を教えてください。

女：南駅なら歩いて5分くらいですよ。えーと、あそこに本屋がありますよね。そこを過ぎて、もう少しまっすぐ行くと、病院があります。その病院の角を右に曲がってください。そうしたら前に駅が見えますよ。

男：病院のところを右ですね。

女：はい。本屋から病院までの途中に肉屋があって、そこで曲がっても駅へ行けるんですけど、今は工事中で通れないはずです。気をつけてください。

男：ありがとうございます。

男の人はどのように駅へ行きますか。

---

2 ♪ N4-26　答え　1

大学で女の学生と男の学生が話しています。女の学生はこれからどこに行きますか。

女：あ、スザンさん、西川先生を見なかった？

男：さっき食堂でお会いしたよ。301教室で学生を待っていたけど来なかったと言っていたな。

女：え、それ、私のことだ。401教室だと思っていたんだけど、違ったんだー。あー、どうしよう。西川先生、今日は午後から病院に行くと言っていたから、もう帰ってしまったかもしれないね。

男：いや、僕が会ったのは３分ぐらい前だから、たぶんまだそこにいるんじゃないかな。

女：ありがとう、行ってくる。

女の学生はこれからどこに行きますか。

---

3 ♪ N4-27 答え 4

小学校で先生が話しています。子どもたちはどの絵を先生に渡しますか。

女：皆さん、いつか住みたい町の絵は描き終わりましたか。描き終わった人から、名前を書いて、私に出してください。この前、動物の絵を描いたときは、名前を表に書いて出した人がいました。でも、それだと絵の邪魔になるので、今回はちゃんと裏に書きましょうね。あ、動物の絵ですが、とてもうまく描けていましたので、教室にかざります。楽しみにしていてくださいね。

子どもたちはどの絵を先生に渡しますか。

---

4 ♪ N4-28 答え 3

会社で女の人と部長が話しています。女の人は何をしますか。

女：あの、沢田部長、２時にお約束のお客様が来ています。

男：あ、もうそんな時間？ じゃ、会議室にご案内してください。

女：もう会議室にご案内しましたよ。

男：ああ、ありがとうございます。じゃ、お茶を持っていってください。今日は暑いから、冷たいのがいいでしょう。

女：はい。

男：あ、会議室の冷房はつけましたか。

女：はい、つけてあります。

男：ありがとうございます。じゃ、僕もあと５分くらいで行きますから、よろしくお願いします。

女の人は何をしますか。

---

5 ♪ N4-29 答え 2

うちで母親と息子が話しています。息子はこれから何をしますか。

女：ヒロくん、窓の掃除は終わった？

男：うん。きれいになったよ。次は何をしようか。

女：じゃあ、次はお風呂を掃除してくれる？ あ、その前に、窓の掃除に使ったタオルを片付けてね。ちゃんと洗って、乾くように庭に干しておいて。

男：うん。わかった。

女：あれ、まだ窓のここが汚いじゃない。

男：え、あ、ごめん。もう一度やり直すよ。

女：ううん。ちょっとそのタオルを貸して。私がやって、片付けておくから。ヒロくんはさっき言ったことを始めていて。

男：オッケー。

息子はこれから何をしますか。

---

6 ♪ N4-30 答え 3

病院の受付で、受付の女の人と男の人が話しています。受付の女の人は、いつ男の人の予約を入れますか。

女：ええと、今日は2000円ですね。２週間後ぐらいにもう一度来てください。いつが都合がいいですか。

男：夕方５時より後がいいんですが、月曜日はどうですか。

女：その日はもう他の方の予約でいっぱいなんですが、その週は他の曜日なら大丈夫ですよ。火曜日の５時はどうですか。

男：ああ、火曜日はちょっと……。水曜日はどうですか。

女：６時からなら大丈夫です。５時のほうがよければ、木曜日になりますが。

男：じゃ、水曜日に予約を入れておいてください。

女：わかりました。

男：あ、すみません。やっぱり早い時間のほうがいいので、その次の日で。

女：そうですか。では、そうします。

受付の女の人は、いつ男の人の予約を入れますか。

7 🎵 N4-31　答え　1

本屋で男の人と女の人が話しています。男の人は子どもの誕生日にどの本を買いますか。

男：誕生日プレゼント、この車の絵本はどうかな。

女：うーん、あの子も、もう6歳だよ。それはもっと小さい子の本でしょう。来年は小学生になるんだし、そういう本は嫌がると思うけど。

男：そうか。あ、ここに「学校だいすき」という本があるよ。あとは、この「ぼくといぬ」という本も喜ぶかな。あの子は犬が大好きだからね。

女：そうだねえ。あ、この日本地図の本もよさそう。この前一緒に行った北海道の写真がたくさんあって。うーん、じゃ、誕生日にはこの地図の本を買って、今度一緒に買い物に来たときに、犬の本を買ってあげましょう。じゃ、私はもう少し自分の本を見たいから、買ってきてくれない？

男：うん。わかったよ。

男の人は子どもの誕生日にどの本を買いますか。

8 🎵 N4-32　答え　3

男の人と女の人が話しています。女の人は明日、何をしますか。

男：ねえ、これ、手紙を書いたんだけど、うちにある切手を貼って、今日出かけるときに出してくれない？ ポストに入れればいいから。

女：いいよ。1, 2, 3通だね。あれ？ この1通は、外国に送るの？

男：あ、そうだった。その手紙だけは、切手がいくら必要かわからないから、郵便局で聞かなければならないんだ。じゃ、それは僕が時間のあるときに出すからいいよ。他の2つをお願い。

女：わかった。あ、そうだ。私、明日なら郵便局に行く用事があるから、この外国に送る手紙を出してこようか。

男：本当？ 助かるよ。ありがとう。じゃ、他の2つの手紙は、今日出かけるときにお願い。

女：オッケー。やっておくね。

女の人は明日、何をしますか。

第7週　　4日目

課題理解 Task-based comprehension　　pp.130-133

1 🎵 N4-33　答え　4

電話で母親と息子が話しています。息子はこの後何をしますか。

女：もしもし、何してる？

男：ちょうどテレビを見終わったところだよ。

女：ちょっとお願いがあるんだけど。

男：どうしたの？

女：お母さん、急いで家を出ておばあちゃんの家に来たから、洗濯機のボタンを押すのを忘れてしまって。

男：あ、さっきやっておいたから大丈夫だよ。あ、テーブルの上にお弁当が置いてあるけど、おばあちゃんに持っていかなくてよかったの？

女：それはお昼ご飯だから、食べて。

男：わかった。

女：あ、そうだ。お弁当の近くに本、置いてない？

男：あるよ。

女：あー、よかった。悪いんだけど、その本、お弁当を食べてからでいいから、おばあちゃんの家まで持ってきてくれる？ 今日おばあちゃんに返す約束だったから。

男：わかった。じゃ、そうするよ。

息子はこの後何をしますか。

2 🎵 N4-34　答え　3

電話で女の人が話しています。このメッセージを聞いた後、まず何をしますか。

女：中沢さん、お疲れさまです。少し前に、若葉電気の高橋さんがお電話をくださいました。午後2時ごろ、中沢さんに会いに、会社に来てくださるそうです。中沢さん、お昼には会社に戻ってくる予定でしたが、大丈夫ですか。このメッセージを聞いたら、一度私にお電話ください。あと、帰りにデパートで買ってきていただきたいものがあるので、それも電話

でお伝えします。それでは、よろしくお願い
します。
このメッセージを聞いた後、まず何をしますか。

3 ♪ N4-35 答え 3
男の人と女の人が話しています。男の人はパーティー
に何を持っていきますか。

男：フォンさん、明日のパーティー、何を持って
いく？

女：私はサンドイッチを持っていくつもりだよ。
渡辺さんは？

男：私は肉料理にしようか果物にしようかで迷っ
ているんだけど、どっちがいいかな。

女：あ、果物はジェニーさんが持っていくって
言っていたから、肉料理がいいんじゃない？

男：じゃ、そうするよ。

女：あと、渡辺さんが前に持ってきてくれたおに
ぎり、あれ本当においしかったから、また
作ってきてくれない？

男：わかった。それも持っていくよ。
男の人はパーティーに何を持っていきますか。

4 ♪ N4-36 答え 1
学校で先生が話しています。学生は何時までに学校
に来ますか。

男：えー、明日はスポーツ大会ですね。もう一度
説明しますからよく聞いてください。時間は
10時からで、場所はあさひ体育館です。皆
さんで一緒に9時半に学校を出ますが、その
前にスポーツ大会で着るTシャツを渡します
から、出発の15分前までに学校に来てくだ
さい。
学生は何時までに学校に来ますか。

5 ♪ N4-37 答え 3
スーパーの事務所で男の店員と店長が話しています。
男の店員はどこに荷物を置きますか。

男：店長、すみません。ちょっとこの荷物をどこ
かに置かせていただきたいんですが。

女：そこに置いていいですよ。部屋の奥。

男：あ、でも、大事なものが入っているんで。

女：じゃ、棚があるでしょう。それはかぎがかか
るし、一番上の引き出しは何も入っていない
から、そこを使っていいですよ。あ、でもそ
の荷物は入らないか。じゃ、一番下の引き出
しを使ってください。今、中に入っている私
の荷物を出して、テーブルに置くから。

男：すみません。ありがとうございます。
男の店員はどこに荷物を置きますか。

6 ♪ N4-38 答え 3
会社で男の人と女の人が話しています。男の人はど
こからかぎを取りますか。

男：小野さん、これから5階の会議室を使いたい
んですが、会議室のかぎはどこにありますか。

女：会議室のかぎですね。その真ん中の引き出し
に入っていますよ。えーと、上から2番目です。

男：真ん中の2番目ですね。

女：あ、すみません。先週、場所を変えました。
一番右の引き出しです。上から3番目にある
はずです。

男：わかりました。では、お借りします。

女：終わったら、同じところに戻してください。

男：わかりました。
男の人はどこからかぎを取りますか。

7 ♪ N4-39 答え 3
パーティーの後で男の人と女の人が話しています。
男の人はこの後最初に何をしますか。

男：今日は、誘ってくれてありがとう。料理もお
いしかったし、新しい友だちもできて楽しかっ
たよ。

女：それはよかった。

男：片付け、手伝うよ。何をしたらいい？

女：じゃ、私はお皿やコップを洗うから、タムさ
んは部屋のごみを集めて、この袋に入れてく
れる？

男：わかった。集めたら、外のごみ置き場に出し
ておこうか。

女：夜は出せないから、玄関に置いておいて。あ、

始める前に、窓を開けてくれる？　空気を換え
たいから。

男：わかった。

女：終わったら、コーヒーをいれるから、一緒に
飲もう。

男：うん。いいね。

男の人はこの後最初に何をしますか。

8　♪ N4-40　答え　4

レストランで男の店員と客が話しています。男の店
員はこの後何を持ってきますか。

男：お客様、ご注文はお決まりでしょうか。

女：えーと、アイスコーヒーを一つください。

男：はい。かしこまりました。お食事はいかがで
しょうか。

女：食事はいらないのですが、あの、デザートの
メニューはありますか。

男：あ、デザートのメニューをお渡ししていませ
んでしたね。大変失礼いたしました。すぐに
持ってきます。

女：じゃ、デザートに合わせて飲み物を選びたい
ので、飲み物の注文もちょっと待ってくださ
い。

男：かしこまりました。

男の店員はこの後何を持ってきますか。

第7週　5日目

課題理解 Task-based comprehension　pp.134-137

1　♪ N4-41　答え　3

家で男の人と女の人が話しています。男の人はこの
後何をしますか。

男：今日はいい天気だね。特に予定もないし、車
を洗おうかな。

女：あ、私、あとで車で買い物に行きたいから、
明日でもいい？

男：そっか。じゃ、久しぶりに散歩してこようか
な。

女：散歩？　そんな時間があるなら、本棚を直して
よ。ずっと前からお願いしてるよね。

男：わかったよ。

女：昼にお客さんが来るから、早く終わらせてね。
私は今から掃除するから。

男の人はこの後何をしますか。

2　♪ N4-42　答え　2

美術館の前で男の人が話しています。客は美術館に
入った後、どこへ行きますか。

男：それでは、もみじ美術館の見学コースについ
て説明します。最初に、入り口でチケットを
見せて、中に入ってください。見学コースは
2階から始まりますので、エスカレーターで
2階へ行って、右の部屋へお入りください。
左の部屋は、入ることができません。見学コー
スの最後にお土産売り場とレストランがあり
ます。入り口側からは入れませんので、帰り
にお寄りください。また、レストランでチケッ
トを見せると、飲み物が1つサービスになり
ます。ぜひご利用ください。

客は美術館に入った後、どこへ行きますか。

3　♪ N4-43　答え　1

スーパーの前で案内の人が話しています。車はどこ
に止めなければなりませんか。

男：お車のお客様にお知らせします。本日から駐
車場の工事が始まりました。ご迷惑をおかけ
しますが、車はスーパーの後ろの駐車場にお
止めください。スーパーの前の駐車場は工事
の車が通りますのでご利用にならないでくだ
さい。屋上の駐車場とパン屋の前の駐車場は、
もういっぱいなのでご利用いただけません。
ご注意ください。

車はどこに止めなければなりませんか。

4　♪ N4-44　答え　3

学校で女の先生と男の先生が話しています。男の先
生はこの後何をしますか。

女：佐藤先生、来月のクラスのイベントは考えま
したか。

男：はい、来月は浅草でお祭りがあるので、それ

を見に行こうと思っています。

女：それはいいですね。では、ポスターを作って教室のかべに貼ってください。

男：ポスターはもう作りました。これ、見ていただけますか。

女：へえ、よくできていますね。これを貼っておいてください。

男：はい。

女：学生たちには明日私から伝えますね。

男：わかりました。

男の先生はこの後何をしますか。

男の留学生と女の留学生が話しています。男の留学生は何を持っていきますか。

男：今度の土曜日、先生のお宅で食事会だけど、何か持っていく？

女：うん、私は国のお酒があるから、それを持っていこうと思っているよ。ファイザルさんは？

男：僕はまだ決めていないけど、何か持っていったほうがいいよね。

女：先生は何もいらないって言っていたけど。国のお菓子とか、ないの？

男：クッキーがあるけど、袋を開けてしまって。あ、紅茶なら新しいのがある。

女：いいね。ファイザルさんの国、紅茶が有名だし、おいしいし、それにしたらどう？リンさんはケーキを持っていくって言っていたから、それにも合うよね。

男：そうだね。そうする。

男の留学生は何を持っていきますか。

新しい家の前で男の人と女の人が話しています。男の人は何をしますか。

男：ふう。引っ越しは疲れるね。

女：うん、まだ荷物がたくさんあるけど、ちょっと休憩しようよ。

男：そうだね。何か飲み物はある？

女：あ、ない。私、買ってくるよ。

男：じゃ、この辺にコンビニがあるかどうか、携帯で調べてみようか。

女：自分で調べるから大丈夫。じゃ、マサくんはもうちょっとがんばってこの辺の箱を運んでいて。すぐに帰ってくるから。あ、でも無理はしないでよ。このソファーは休憩した後、一緒に運ぼうね。

男：オッケー。

男の人は何をしますか。

デパートで女の人が話しています。客は何時までにデパートを出なければなりませんか。

女：本日は花丸デパートへのご来店、ありがとうございます。ご来店中のお客様にお知らせです。先月まで、花丸デパートは午後8時まででしたが、今月からは9時までお買い物を楽しんでいただくことができるようになりました。どうぞ皆さま、ごゆっくりお過ごしください。次にセールのご案内です。本日は、8階で子ども服のセールが行われております。セールは7時に終了いたします。6時からはさらにお安くなりますので、皆さまぜひ、8階までお急ぎください。

客は何時までにデパートを出なければなりませんか。

会社で女の人と男の人が話しています。女の人はこれから何をしますか。

女：ただいま戻りました。

男：ああ、上田さん、お帰りなさい。

女：あれ？木下くん。私の机の上にメモがあるけど、社長のケータイに電話すればいいのかな？

男：すみません。もうお電話しなくて大丈夫です。さっき、社長がここに来てくださいましたから。上田さんがいたら一緒に昼ご飯に行こうと思っていたそうです。

女：そうなんだ。

男：あと、昨日の会議に社長は参加されなかったので、資料を渡しておきました。あとで、社

長の部屋に行って、昨日の会議で話したこと
を、上田さんから説明していただけますか。
社長は2時に帰ってくるそうです。

女：わかった。ありがとう。
女の人はこれから何をしますか。

ポイント理解 Point comprehension　　pp.138-139

1 ♪ N4-49　答え　2

男の人と女の人が話しています。男の人はどうして
一度家に帰りましたか。

男：ユナさん、20分も待たせてごめんなさい。

女：電話しても出ないし、心配したよ。これから
遅れるときは、必ず連絡してよ。

男：うん。いやー、かぎが見つからなくて、本当
に困ったよ。

女：え？ かぎを探していて、遅れたの？

男：いや、ちょっと違うんだ。実は、ストーブを
消したかどうか気になって、一度家に帰った
んだよ。ストーブは消えていたから問題なかっ
たんだけど、急にトイレに行きたくなってし
まって。

女：はいはい、それで？

男：ユナさんに連絡しようと思って、一度携帯電
話を出したんだけど、今度はかぎをどこに置
いたかわからなくなってしまって。よく探し
たら、かぎはドアにささっていたよ。

女：危ないな、気をつけてよ。

男：うん。それで、急いで出てきたら、携帯電話
を家に置いてきてしまって、連絡できなかっ
たんだ。ごめんなさい。

女：もう、しっかりしてよ。
男の人はどうして一度家に帰りましたか。

2 ♪ N4-50　答え　2

女の人と男の人が話しています。男の人は昨日何を
したと言っていますか。

女：あ、ビザヤさん、おはようございます。

男：おはようございます。

女：昨日は天気がとても悪かったですけど、予定
していたとおり、海へ行ったんですか。

男：いいえ、行きたかったんですが、あの雨では
無理だったので、部屋の掃除をしました。来
週友だちが遊びに来るので、ちょうどよかっ
たです。

女：そうですか。そういえば、先週貸したＤＶＤ
はもう見ましたか。

男：はい、借りたその日に見てしまいました。も
う一度見たいのでもう少しお借りしてもいい
ですか。

女：大丈夫ですよ。
男の人は昨日何をしたと言っていますか。

3 ♪ N4-51　答え　2

教室で先生が話しています。このクラスの人はいつ
写真を撮りますか。

女：皆さん、明日は卒業アルバムに使うクラスの
写真を撮ります。写真は学校の門の前で撮り
ます。朝、出席を確認した後、1クラスから
順番に撮ります。皆さんは3クラスですから、
2時間目の数学の授業の後になります。その
次の国語の授業ですが、明日は体育に変わり
ます。ですから、写真を撮り終わったら、運
動着に着替えて、校庭に集まってください。
このクラスの人はいつ写真を撮りますか。

4 ♪ N4-52　答え　3

駅で女の人と駅員が話しています。12月31日の電
車は、どうなりますか。

女：すみません、お正月の期間は、電車の時間が
変わりますか。

男：はい、12月30日から1月3日まで電車の時
間が変わります。この期間、この駅からさく
ら駅までの電車が午前1時に終わります。で
も、12月31日は最終電車の後も、午前5時
まで、30分に1本、電車があります。

女：そうですか。

男：1月4日からは、いつものように午前0時半
までに戻りますのでお気をつけください。

女：わかりました。

12月31日の電車は、どうなりますか。

5 ♪ N4-53　答え　3

男の人と女の人が話しています。男の人は日本のホテルについて、どんなことに驚いたと言っていますか。男の人です。

男：サラさん、サラさんはよく旅行をしますよね。日本のホテルで何か驚いたことはありますか。

女：そうですね。先月、北海道のホテルを出て家に帰るとき、「いってらっしゃいませ」と言われて、驚きました。

男：へえー、普通は「ありがとうございました」と言いますよね。あ、私は、ホテルの人に「おかえりなさい」と言われたことがありますよ。

女：え、どうしてですか。

男：そこは、前に一度泊まったことがあるホテルだったんです。

女：へえー、よく気がついてくれましたね。

男：それに、夕飯を食べていたら、ケーキをプレゼントしてくれました。その日は私の誕生日だったんですよ。いやー、本当にあれには驚きましたね。

女：日本には、いろいろなサービスがあるんですね。

男の人は日本のホテルについて、どんなことに驚いたと言っていますか。

6 ♪ N4-54　答え　3

動物園で案内を聞いています。客はいつ猿にえさをあげられますか。

男：お客様にお知らせいたします。今日の5時から、わくわく広場で、猿にえさをあげるイベントが行われます。えさをあげることができるのは10分間だけです。ただいま、4時45分ですので、15分後に始まります。どなたでも参加できますので、ぜひお集まりください。

客はいつ猿にえさをあげられますか。

7 ♪ N4-55　答え　3

喫茶店で女の人と男の人が話しています。男の人はどうしてデパートに行きたいと言っていますか。

女：じゃ、そろそろ帰ろうか。

男：あ、帰る前にデパートに行きたいんだよね。

女：先週、食べてみたいって言っていたケーキなら、もう買っておいたよ。

男：本当？ ありがとう。でも、デパートの中の本屋に行きたいんだ。

女：本がほしいの？

男：いや、そうじゃなくて。お世話になった先輩の娘さんに、図書カードをプレゼントしたいと思っているんだ。

女：そうなんだ。じゃ、私はその間にコーヒーを買ってくるね。

男：うん。

男の人はどうしてデパートに行きたいと言っていますか。

ポイント理解 Point comprehension　pp.140-141

1 ♪ N4-56　答え　2

歯医者で受付の人と男の人が話しています。男の人は次にいつ歯医者に来ますか。

女：田村さん、次のご予約ですが、来週の火曜日はいかがでしょうか。今日と同じ午後3時からでしたら、お取りできますよ。

男：えーと、その日は出張なので、ちょっと……。木曜日の午後であいている時間はありますか。

女：午後は予約がいっぱいですね。午前ならお取りできますが。

男：そうですか。では、土曜日はどうですか。何時でもいいです。

女：えーと、土曜日はいつもの先生ではありませんが、午前にお取りできますよ。

男：うーん、やっぱりいつもの先生のほうが安心なので、木曜日にお願いします。

男の人は次にいつ歯医者に来ますか。

2 ♪N4-57　答え　2

ラジオを聞いています。ケーキ屋はオープンの日に何をしますか。

女：私は、明日駅前にオープンするケーキ屋さん「絆」に来ています。今、店の奥で皆さん、ケーキを作っているところです。それから、<u>ここにチョコレートのお菓子があるんですが、これは明日ケーキを買ってくれたお客様にプレゼントするそうです</u>。また、店長さんにお話を聞いたんですが、毎月１回、お菓子教室を開きたいとおっしゃっていました。このお店は毎週水曜日がお休みで、その他の日は午前１０時から午後６時までだそうです。でも、ケーキが全部売れたら早く閉めるそうなので、興味がある方は、ぜひお早めにいらっしゃってください。

ケーキ屋はオープンの日に何をしますか。

3 ♪N4-58　答え　4

駅で男の人と駅員が話しています。男の人のコートの内側のポケットに何が入っていますか。

男：すみません。今の新幹線にコートを忘れてしまったんですが。

女：どんなコートですか。

男：茶色のコートです。この手袋と同じ色で、左右にポケットがついています。

女：ポケットに何か入っていますか。

男：ハンカチが入っています。それに、家のかぎとペンも。

女：ハンカチとかぎとペンですね。

男：はい。でも、<u>かぎとペンは内側のポケットです</u>。

女：まだ、忘れ物センターには届いていないと思いますが、連絡はしておきますね。

男：お願いします。あっ、すみません。<u>かぎはありました。かばんのポケットに入っていました</u>。

男の人のコートの内側のポケットに何が入っていますか。

4 ♪N4-59　答え　3

病院で薬の説明を聞いています。３日目に熱が下がらなかったら、どうしますか。

男：薬を２種類出します。この赤い薬はせき止めです。せきがひどいときに飲んでください。それから、こちらの白い薬は熱を下げる薬です。１日１回、寝る前に飲んでください。２日ぐらい飲んだら、よくなるはずです。もし、<u>３日目の朝も熱があったら、もう一度病院に来てください</u>。それから、薬が体に合わない場合があるので、ちょっとおかしいと思ったら、すぐに薬を飲むのをやめてください。

３日目に熱が下がらなかったら、どうしますか。

5 ♪N4-60　答え　3

学校で女の学生と男の学生が話しています。女の学生は今日、何を忘れましたか。

女：あれ？　ない。忘れた。

男：何を忘れたの？　宿題？

女：そうじゃなくて、かぎ。

男：かぎをかけるのを忘れたの？　この間もそうだったよね。

女：いや、今朝は私が出るとき、まだ母がいたから、それは大丈夫だけど、<u>かばんの中にないの</u>。

男：持ってくるのを忘れたんだね。

女：入れたと思ったんだけどな。ああ、母が帰ってくるまで家に入れないな。

男：じゃ、それまで僕の家にいればいいよ。

女：ありがとう。ああ、今日は私が早く帰って、晩ご飯を作る約束をしたのに。

女の学生は今日、何を忘れましたか。

6 ♪N4-61　答え　1

電話で男の学生と女の学生が話しています。男の学生はどうして女の学生に電話しましたか。

男：もしもし、トゥイさん。今、大丈夫？

女：うん、大丈夫だよ。どうしたの？

男：実は、<u>トゥイさんに借りたノートなんだけど</u>、なくしてしまって。学校に忘れたと思って教室に行ってみたんだけど、なかったんだ。本当にごめん。

女：それなら、私、持っているよ。教室にあった
からって、マイさんが持ってきてくれたの。

男：あー、よかった。

女：もうノートはコピーしたの?

男：ううん、まだ。トゥイさんのノート、本当に
見やすいから、また貸してくれるとうれしい
んだけど。

女：うん。いいよ。

男：ありがとう。

男の学生はどうして女の学生に電話しましたか。

7　♪N4-62　答え　1

うちで夫と妻が話しています。妻は明日何時の電車
に乗りますか。

男：明日、北海道に出張だよね。何時の電車に乗
るの?

女：えーと、飛行機の時間を考えると、空港には
10時に着きたいな。インターネットで調べ
てくれない?

男：うん。えーと、8時の電車だと、9時50分
ぐらいに着くよ。

女：それ、いいね。

男：乗り換えが2回あるけど、大丈夫?

女：乗り換えが2回か。荷物が多いから、乗り換
えがないほうがいいんだけど……。

男：それだと、7時半だな。乗り換えがないから、
ずいぶん早く着くようだよ。

女：何時に着くの?

男：8時45分。

女：うーん、そうだな。空港でお土産を買うから、
それにするよ。

妻は明日何時の電車に乗りますか。

第8週　3日目

ポイント理解 Point comprehension　　pp.142-143

1　♪N4-63　答え　3

テレビで男の人が話しています。野球の放送は何時
に終わりますか。

男：こんばんは。今夜の番組を紹介いたします。
6時は「ハッピーライフニッポン」の時間で
す。今日は料理の先生が、簡単でおいしい料
理を教えてくれます。そして、7時から9時
半まで、東京と広島の野球の試合を放送しま
す。毎週水曜日7時からのアニメと、8時か
らの歌番組の放送はありませんので、ご注意
ください。そして、10時からは「世界旅行」
の時間です。今日はフランス、パリの街を散
歩します。お楽しみに。

野球の放送は何時に終わりますか。

2　♪N4-64　答え　4

学校で女の学生と男の学生が話しています。女の学
生はどうして先週の授業に来ませんでしたか。女の
学生です。

女：あ、林くん。もうおなかは痛くないの?

男：うん、もう大丈夫。あの、ちょっとお願いが
あるんだけど、昨日の授業のノート、見せて
もらってもいいかな。

女：あー、ごめん。私のノート、今、石田くんに
貸しているんだ。石田くんも昨日、頭が痛く
て学校を休んだから。返してもらったら、林
くんにも貸すよ。来週は、先生が研究会で授
業が休みになるから、ゆっくり見ていいよ。

男：ありがとう。助かるよ。今度、昼ご飯でもご
ちそうするよ。

女：いいよ、そんなの。先週、私が熱を出して授
業を休んだとき、林くんもノートを見せてく
れたじゃない。あのときはありがとう。

女の学生はどうして先週の授業に来ませんでしたか。

3　♪N4-65　答え　3

男の人と女の人が話しています。二人は先週どこへ
行きましたか。

男：アイちゃん、昨日はカラオケ楽しかったね。
次は土曜日に一緒に映画を見に行く約束をし
ていたよね?

女：ああ、その映画なんだけど、ちょうどいい時
間のチケットが取れなくて。日曜日はどうかな。

男：うーん、ごめん。その日はアルバイトを休めないんだ。土曜日は、何か別のことをしようよ。プールに行こうか。

女：でも、プールは先週行ったよね。じゃあ、デパートは？ 私、新しいくつがほしいんだ。

男：そうだねえ。でも……。

二人は先週どこへ行きましたか。

---

4 ♪ N4-66 答え 1

女の人と男の人が話しています。男の人の弟がしているスポーツは何ですか。

女：今田さんは、何かスポーツをしていますか。

男：そうですねえ。学生のころは野球をしていましたよ。最近は全然していません。あ、でも、僕の弟が、今大学の野球チームに入っているので、弟が出ている試合をよく見に行きますよ。

女：あれ？ 弟さんはテニスをしていると、前に聞いたと思うんですが。

男：ああ、それは妹ですよ。昔は卓球をしていたんですが、高校に入って、外でするスポーツがしたいと言って、テニスを始めたんです。

女：皆さんスポーツがお好きなんですね。

男：はい。先週もみんなでサッカーを見に行ってきました。

男の人の弟がしているスポーツは何ですか。

---

5 ♪ N4-67 答え 2

会社で男の人と女の人が話しています。女の人は明日の天気がどうなると言っていますか。

男：毎日寒いですね。

女：はい。それに、昨日も雨、今日も雨！

男：明日は少し雪が降るそうですよ。

女：え、本当ですか。私が見たニュースでは、明日はくもりだと言っていました。雪は週末ですよ。たくさん降るそうです。

男：そうですか。まあ、会社に来なくてもいい日だから、よかったです。雪の日に出かけるのは、本当に嫌ですから。

女：私は雪が好きですよ。今日のように冷たい雨

が降っている日が、一番嫌いです。

男：そうなんですね。

女の人は明日の天気がどうなると言っていますか。

---

6 ♪ N4-68 答え 3

学校説明会で女の人が話しています。学校の歴史はパンフレットの何ページ目から書いてありますか。

女：皆さま、今日はタイムズ大学の学校説明会に来てくださって、ありがとうございます。あと5分で始まりますので、それまで机の上のパンフレットを見ながらお待ちください。3ページ目から7ページ目では、学長のごあいさつや、この学校が他の学校と何が違うかなどの特長が書かれています。8ページ目から15ページ目には、この学校で勉強できることが書かれています。そして、16ページ目から19ページ目で、学校の歴史を紹介しています。また、去年入学した学生の皆さんから聞いた話が、20ページ目から25ページ目に書いてあります。ぜひ、読んでみてくださいね。

学校の歴史はパンフレットの何ページ目から書いてありますか。

---

7 ♪ N4-69 答え 2

男の人と女の人が話しています。男の人にはどんな兄弟がいますか。

男：沖田さんは、兄弟がいるの？

女：ううん。いないよ。

男：そうなんだ。兄弟がほしいと思ったことはある？

女：そうだなあ、あまり考えたことがなかったけど、私、近所にいとこが住んでいて、仲がいいんだ。小さいときからいつも一緒にいたから、本当の妹だと思っているよ。

男：ああ、いいね。僕は姉がいるけど、できれば兄もほしかったな。

女：そうなんだ。山下くんは弟か妹がいると思っていたよ。私、山下くんのようなまじめでしっかりしているお兄さんがほしいな。

男：ははは、なんだか恥ずかしいな。
男の人にはどんな兄弟がいますか。

ポイント理解 Point comprehension　　pp.144-145

1　♪ N4-70　答え　3

男の人と女の人が話しています。女の人は明日何を
しますか。

男：ズオンさん、明日の夕方、私の家でパーティー
　　をします。もしよかったらズオンさんも来ま
　　せんか？

女：え、いいですね。行きたいです。でも、明日
　　はちょっと……。

男：アルバイトですか。

女：いいえ、来週友だちの結婚式があるので、み
　　んなでプレゼントを買いに行くんです。

男：そうですか。

女：明日、私は行けませんが、今夜ケーキを作っ
　　て届けますね。

男：本当ですか。ありがとうございます。

女の人は明日何をしますか。

2　♪ N4-71　答え　2

学校で先生が話しています。サッカークラブに入り
たい学生はどの教室に行きますか。

女：えー、では、今から、入りたいクラブの話を
　　聞きに行ってください。まず、バレーボール
　　クラブの話が聞きたい人は１階の１０４教
　　室、サッカークラブは１０５教室、テニスク
　　ラブは２階の２０２教室、水泳クラブは３階
　　の３０４教室です。話を聞いたらこの教室に
　　戻ってきてください。

サッカークラブに入りたい学生はどの教室に行きま
すか。

3　♪ N4-72　答え　3

会社で男の人と女の人が話しています。女の人はど
うしていつも早く会社に来ますか。

男：鈴木さん、おはようございます。

女：おはようございます。あれ、トムさん。今日
　　は早いですね。

男：ええ、今日はいつもより早く起きたので、早
　　く家を出てきました。この時間だと、電車も
　　混んでいないし、いいですね。鈴木さんも、
　　電車が混むのが嫌だから、いつもこの時間な
　　んですか。

女：ううん、そうじゃなくて、私は仕事の前にコー
　　ヒーが１杯飲みたいと思って。

男：そうなんですね。コーヒーを飲むと、目が覚
　　めるからいいですね。

女：大切な会議がある日は、特にね。

女の人はどうしていつも早く会社に来ますか。

4　♪ N4-73　答え　2

電話で男の人が話しています。男の人は今どこにい
ますか。

男：もしもし、約束の時間より早く動物園に着い
　　て、待っていたんだけど、雨が降ってきたか
　　ら、今、動物園の前の本屋に入ったところ。
　　ちょうどほしかった本があるから、それを
　　買ったら、となりの喫茶店で読みながら待っ
　　ているよ。雨が強くなってきたから、今日は
　　動物園をやめて、映画でも見ない？じゃ、気
　　をつけて来てね。

男の人は今どこにいますか。

5　♪ N4-74　答え　1

女の人と男の人が話しています。男の人は週末何を
すると言っていますか。

女：トムさん、今週末は何か予定がありますか。

男：ええ、高校のときの友だちから久しぶりに電
　　話があって、会うことになったんです。

女：それはいいですね。

男：ええ、金曜日に出張でこちらに来て、週末は
　　そのままこちらにいるようです。

女：じゃ、トムさんは無理ですね。

男：何がですか。

女：天気がよさそうなので、みんなを誘って、う
　　ちの庭でパーティーをしようと思ったんです。

男：そうなんですね。昨日までは週末の予定がな
　　かったから、家でＤＶＤを見ようと思ってい
　　たんですが、今回は残念ですが……。
女：大丈夫ですよ。また今度誘いますね。
男の人は週末何をすると言っていますか。

6　♪ N4-75　答え　4
女の学生と男の学生が話しています。男の学生は
今日どうして疲れていますか。
女：あれ？　山崎くん、なんだか眠そうだね。昨日、
　　夜遅くまでレポートを書いていたの？
男：宿題のレポート？　まだ書いていないよ。明日
　　までだよね。最近、宿題が多すぎて、やる時
　　間がなかなか作れないんだ。アルバイトを少
　　なくしたほうがいいのかな。
女：うーん。そんなに忙しいなら、そのほうがい
　　いかもしれないね。毎日バスケットボールの
　　練習もあるんでしょ。
男：うん。今日も朝７時から練習があって、すご
　　く疲れたよ。
女：そっかあ。今日は宿題が終わったら、早く休
　　んでね。
男の学生は今日どうして疲れていますか。

7　♪ N4-76　答え　4
女の人と男の人が話しています。男の人の兄はどう
して新しいコートを買いましたか。
女：カズくん、その黒いコート、暖かそうだね。
男：うん。本当に暖かいよ。この前旅行に行った
　　とき、寒くて買ったんだ。その前にも、誕生
　　日に両親から茶色いコートをもらったばかり
　　だったのに。
女：へえ。青いコートも時々着ているよね。
男：それは、兄にもらったんだ。太ってしまって
　　着られなくなったから。それで、兄は同じ色
　　のを買ったんだよ。
女：お兄さん、その色が好きなんだね。
男の人の兄はどうして新しいコートを買いましたか。

ポイント理解 Point comprehension　　pp.146-147

1　♪ N4-77　答え　1
学校で女の学生と男の学生が話しています。男の学
生はどうしてお弁当を持ってきましたか。
女：ダイさん、今日はお弁当なんだね。おいしそ
　　う。
男：ありがとう。昨日ご飯を作りすぎて、たくさ
　　ん残ってしまったから、持ってきたんだ。
女：そうなんだ。お弁当は体にいいし、買うより
　　安いし、いいよね。
男：今日は駅前のスーパーで鶏肉が安い日だから、
　　帰りに行くつもりなんだ。今夜は鶏肉料理を
　　たくさん作って、残りは明日のお弁当にする
　　よ。
女：へえー、すごいね。じゃ、私のお弁当もお願
　　いね。
男：ははははは。
男の学生はどうしてお弁当を持ってきましたか。

2　♪ N4-78　答え　1
ラジオを聞いています。大森図書館はどうして閉ま
りますか。
男：続きまして、お知らせです。東区の大森図書
　　館が、来月から６か月間、閉まることになり
　　ました。建物が古く、修理が必要になったか
　　らだそうです。新しくなった大森図書館では、
　　庭でコーヒーを飲みながら本が読めるサービ
　　スを始めたり、パソコン教室などを開いたり
　　するそうです。最近は、利用者が減っている
　　ことが問題になっていた大森図書館ですが、
　　これで利用者が増えるといいですね。
大森図書館はどうして閉まりますか。

3　♪ N4-79　答え　1
日本語学校で先生が話しています。明日先生に出さ
なければならないものは何ですか。
女：えーと、宿題ですが、今日の授業で習った漢
　　字を、ノートに１０回ずつ書いてきてください。
　　ノートは明日の授業の初めに集めます。それ

から、今から配るプリントは文法の問題です。これは来週の月曜日に出してください。あと、作文の宿題を出すのはあさってですよ。まだやっていない人は、がんばって書いてくださいね。そうそう、明日から文法の授業で新しい教科書を使います。間違えないように確認して持ってきてください。では、授業を終わります。
明日先生に出さなければならないものは何ですか。

4 ♪ N4-80　答え　3
女の人と男の人が話しています。男の人は今年の夏休みに何がしたいと言っていますか。
女：夏休みはどこか行くんですか。
男：ええ。息子が海で釣りをしたいと言っているので、海へ行こうと思っています。
女：去年も海でしたよね。
男：実は、去年は息子が熱を出して、行けなかったんです。家でゲームをしたり、テレビを見たりしていましたよ。
女：それで、今年も海なんですね。
男：ええ、私は山でキャンプがいいんですが……。木村さんは？
女：私は友だちと温泉に行くつもりです。
男：へえ、温泉でゆっくりするのもいいですね。
男の人は今年の夏休みに何がしたいと言っていますか。

5 ♪ N4-81　答え　2
美術館で男の人と女の人が話しています。女の人が自分の部屋にかざりたいのはどの絵ですか。
男：ああ、どの絵もすてきだったね。僕は、あの雪の上で子どもが遊んでいる絵が好きだな。
女：その絵、私もすてきだと思った。その横にあった、赤い花と猫の絵もかわいかったよね。
男：そんな絵、あった？
女：あったよ。私、その絵を部屋にかざりたいなと思ったんだ。
男：ユリカちゃんは動物の絵が好きなんだね。ユリカちゃんの部屋、今は寝ている犬の絵がか

ざってあるよね。
女：うん。ジュンくんなら、どんな絵を部屋にかざりたい？
男：僕はきれいな景色の絵をかざりたいなあ。
女の人が自分の部屋にかざりたいのはどの絵ですか。

6 ♪ N4-82　答え　4
男の学生と女の学生が話しています。二人は何が苦手だと言っていますか。
男：ランさん、どうやって日本語を勉強していますか。
女：私は日本語の歌をたくさん聞いています。歌と一緒に新しい言葉を覚えられますよ。
男：新しい言葉を覚えるのは、楽しいですよね。僕はよく日本人の友だちと話しています。自然な日本語の話し方が、だんだんわかるようになりました。あと、前は日本語で話すのが怖かったですが、最近は怖くなくなりました。
女：へえ、私は一人の人と話すのは大丈夫ですが、たくさんの人と話すのは苦手です。いろいろな人が話すと、わからなくなるんです。
男：ああ、わかります。僕もまだ、それは苦手です。
女：もっと練習して、もっと日本語ができるようになりたいですね。
二人は何が苦手だと言っていますか。

7 ♪ N4-83　答え　3
女の人と男の人が話しています。女の人のお父さんの趣味は何ですか。
女：ハルさんの料理はおいしいですね。お母さんに教えてもらったんですか。
男：はい。子どものころから手伝わされていて、今ではいい趣味になりました。ミクさんの趣味は何ですか。
女：趣味ですか、そうですね。旅行かな。この前は家族みんなでスキー旅行に行ってきました。
男：スキーができるんですね。
女：父の趣味がスキーで、教えてもらったんですよ。
男：いいなあ。私の父は、全然運動はしません。

趣味は食べることだと言っていました。
女の人のお父さんの趣味は何ですか。

第9週　1日目

発話表現 Utterance expressions　　pp.148-149

1　♪ N4-84　答え　2
届くはずの荷物がまだ届きません。配達の人に電話をします。何と言いますか。

女：1　もう届けてもらいましたよ。
　　2　あとどのくらいかかりますか。
　　3　すぐ届くそうですね。

2　♪ N4-85　答え　3
待ち合わせの時間に遅れてしまいました。友だちに何と言いますか。

男：1　待たなくてもいいですよ。
　　2　時間を守ってください。
　　3　遅くなってごめん。

3　♪ N4-86　答え　1
友だちがシャツにソースをつけてしまいました。何と言いますか。

女：1　すぐに洗ってきたほうがいいよ。
　　2　早く掃除してね。
　　3　そこは汚いから、気をつけてね。

4　♪ N4-87　答え　2
友だちに服を借りたいです。何と言いますか。

男：1　それを着たらいいよね。
　　2　それ、借りてもいい？
　　3　それ、貸してあげるの？

5　♪ N4-88　答え　2
家に来た客に、自分が作ったケーキを出します。何と言いますか。

女：1　立派なケーキをありがとうございます。
　　2　どうぞ。遠慮しないでくださいね。
　　3　これはおいしそうですね。

即時応答 Quick response　　p.150

1　♪ N4-89　答え　2
男：今日は雨が降るかもしれませんよ。

女：1　ええ、晴れてきましたね。
　　2　じゃ、傘を持っていきますね。
　　3　本当に風が強いですね。

2　♪ N4-90　答え　3
女：今までありがとうございました。皆さんを決して忘れません。

男：1　はい、思い出しましたよ。
　　2　もう忘れてしまったんですか。
　　3　私たちも忘れませんよ。

3　♪ N4-91　答え　2
男：かおりさん、その荷物、となりの部屋まで運べる？

女：1　まだ運んでいませんよ。
　　2　ええ、大丈夫です。
　　3　はい。届いています。

4　♪ N4-92　答え　2
男：ハナさんはどんなペットがほしいですか。

女：1　大きくて、広いのがいいです。
　　2　小さい鳥や、魚がいいです。
　　3　冷たくて、甘くないのがいいです。

5　♪ N4-93　答え　1
女：あれ、ビムセンさん、みんなと一緒に行かないんですか？

男：1　はい、後から行きます。
　　2　いいえ、みんな来ていませんよ。
　　3　そうですか、一緒に行けないんですね。

6　♪ N4-94　答え　2
男：なおみさん、それは今すぐ決めなくてもいいですよ。

女：1　そうですか。じゃ、これにします。
　　2　では、明日お返事します。

3　いいえ、まだ決められません。

7　♪N4-95　答え　3

女：いつかこの旅館に行ってみたいな。

男：1　5日はちょっと無理だよ。

　　2　そんなに見たいなら、映画館へ行こうよ。

　　3　じゃ、誕生日に予約しようか。

8　♪N4-96　答え　1

女：ミレーナさんは、時間があれば日本語の勉強

　　をしているそうですよ。

男：1　そうですか、とても立派だと思います。

　　2　そうですね、本当に不便ですよ。

　　3　もちろん、ひどいと思いますよ。

第9週　2日目

発話表現 Utterance expressions　　pp.151-152

1　♪N4-97　答え　1

コートを脱ぎたいですが、かばんを持っているので脱げません。何と言いますか。

男：1　かばんを持ってくれない？

　　2　かばんを持ったほうがいい？

　　3　かばんを持ってあげようか？

2　♪N4-98　答え　2

ホテルで、パーティーの会場がわからない客がいます。何と言いますか。

女：1　私がご紹介します。

　　2　私がご案内します。

　　3　私がご協力します。

3　♪N4-99　答え　1

一緒に住んでいる友だちが、トイレの電気を消すのを忘れました。何と言いますか。

女：1　電気ついていたよ。使ったら消してね。

　　2　電気つけておいたよ。使ったら消してね。

　　3　電気つけてあるよ。使ったら消してね。

4　♪N4-100　答え　3

友だちから電話がきましたが、料理をしていて忙しいです。何と言いますか。

男：1　今、晩ご飯を作っているそうなんだ。

　　2　今、晩ご飯を作っているはずなんだ。

　　3　今、晩ご飯を作っているところなんだ。

5　♪N4-101　答え　3

部長に書類のコピーを頼まれました。何と言いますか。

女：1　はい、なさいました。

　　2　はい、いたしました。

　　3　はい、承知しました。

即時応答 Quick response　　p.153

1　♪N4-102　答え　1

女：ミランさん、弟さんも今日のパーティーに来

　　ますか。

男：1　さあ、来るかどうか、わかりません。

　　2　ええ、来たことがあります。

　　3　いいえ、まだ来ていません。

2　♪N4-103　答え　3

女：坂口さん、来週の会議の時間と場所を、皆さ

　　んに知らせましたか。

男：1　えーと、5階の1番の部屋です。

　　2　はい、メールで知らされました。

　　3　はい、メールを送っておきました。

3　♪N4-104　答え　1

男：となりの部屋から声がしますね。

女：1　ええ、けんかしているようですね。

　　2　ええ、おいしそうですね。

　　3　ええ、ちょっとくさいですね。

4　♪N4-105　答え　1

男：あそこにスーパーがオープンしましたね。

女：1　ええ、とても便利になりました。

　　2　ええ、そのとなりの店も閉めてしまいま

　　　したよ。

3　ええ、いつするんでしょうね。

5　♪ N4-106　答え　2

男：キムさんは、先週退院して、もうスポーツも
　　できるそうですよ。
女：1　じゃ、お休みしましょう。
　　2　じゃ、お祝いしましょう。
　　3　じゃ、お見舞いに行きましょう。

6　♪ N4-107　答え　1

女：すみません。あの棚の上のくつを見せていた
　　だけませんか。
男：1　はい、今お取りします。
　　2　いいえ、けっこうです。
　　3　ええ、見てもいいです。

7　♪ N4-108　答え　2

女：ここに置くと、邪魔ですよ。
男：1　じゃ、何を置きましょうか。
　　2　はい、すぐ片付けます。
　　3　お邪魔しました。

8　♪ N4-109　答え　3

男：スープに塩を入れすぎました。
女：1　じゃ、今から塩を買ってきます。
　　2　このままだと、味が薄すぎますね。
　　3　大丈夫。お湯を足せばいいですよ。

第9週　3日目

発話表現 Utterance expressions　pp.154-155

1　♪ N4-110　答え　2

レストランで、何を食べるか聞かれました。何と言
いますか。
女：1　サンドイッチのはずですよ。
　　2　私はサンドイッチにします。
　　3　サンドイッチのほうがいいです。

2　♪ N4-111　答え　3

友だちの自転車が速くて、危ないです。何と言いま
すか。
男：1　エンジンをかけて。
　　2　レベルが高いね。
　　3　スピードを出しすぎだよ。

3　♪ N4-112　答え　3

客が3時に美容院を予約しました。何と言いますか。
男：1　3時に来ることになりました。
　　2　3時に行きましょう。
　　3　3時にお待ちしています。

4　♪ N4-113　答え　1

先生に作文をチェックしてもらいたいです。何と言
いますか。
男：1　作文を見てくださいませんか。
　　2　作文を見せてあげたいです。
　　3　作文を見てもらいましょう。

5　♪ N4-114　答え　2

友だちがすてきな服を着ています。何と言いますか。
女：1　正しいと思うよ。
　　2　よく似合ってるよ。
　　3　とても上手だね。

即時応答 Quick response　p.156

1　♪ N4-115　答え　2

男：この本は本当におもしろいですよ。
女：1　読んだことがありませんか。
　　2　じゃ、読んでみますね。
　　3　読んでいただきます。

2　♪ N4-116　答え　1

女：鈴木さんはワインについてよく知っているよ。
男：1　詳しいんだね。
　　2　まじめだね。
　　3　盛んなんだね。

3　♪N4-117　答え　3

男：好きな季節は何ですか。

女：1　青です。

　　2　クラシック音楽です。

　　3　秋です。

4　♪N4-118　答え　2

女：みんなの前で歌ったときは、どうでしたか。

男：1　たくさんほめました。

　　2　とても緊張しました。

　　3　不便で、困りました。

5　♪N4-119　答え　1

男：清水さん。清水さんは、空港から家までどうやって帰るんですか。

女：1　息子に迎えに来させます。

　　2　息子を迎えに行ってあげます。

　　3　息子が迎えに行くことになりました。

6　♪N4-120　答え　3

男：見て。あの子、夏なのにコートを着ているよ。

女：1　暑いらしいですね。

　　2　暑いそうですね。

　　3　暑そうですね。

7　♪N4-121　答え　2

女：ああ、いらいらするなあ。

男：1　そうだね、楽しみだね。

　　2　そんなに怒らないで。

　　3　怖くないよ。安心して。

8　♪N4-122　答え　1

男：私の自転車がとられてしまいました。

女：1　え？　警察には言いましたか。

　　2　直せば、また乗れますよ。

　　3　謝ったほうがいいですよ。

発話表現 Utterance expressions　　pp.157-158

1　♪N4-123　答え　2

友だちが、頭がとても痛そうです。何と言いますか。

女：1　薬を飲んでもいいですか。

　　2　薬を飲んだほうがいいですよ。

　　3　薬を飲めばいいですか。

2　♪N4-124　答え　3

先生がドアの前でたくさんの荷物を持っています。何と言いますか。

女：1　お開けください。

　　2　お開けになります。

　　3　お開けします。

3　♪N4-125　答え　1

病院に人が多くて、座れない人がいます。何と言いますか。

男：1　こちらのいすにおかけください。

　　2　こちらには座らないでください。

　　3　すみません。座らせてください。

4　♪N4-126　答え　2

書類に書いてある漢字がわかりません。何と言いますか。

男：1　すみません。漢字を書かないでください。

　　2　すみません。この漢字は何と読みますか。

　　3　すみません。この漢字の意味を説明しましょうか。

5　♪N4-127　答え　1

友だちが遊びに来たので、ケーキを出したいです。何と言いますか。

男：1　甘いものは好き？

　　2　お菓子を出してくれる？

　　3　何か食べるものがある？

1　♪ N4-128　答え　2

男：もうお昼ご飯を食べましたか。

女：1　はい、まだ食べていません。

　　2　はい、もう食べてしまいました。

　　3　はい、食べさせてください。

2　♪ N4-129　答え　3

女：今日は本当に暑いですね。

男：1　冷蔵庫に入れてください。

　　2　洗濯機を使いましょう。

　　3　冷房をつけましょうか。

3　♪ N4-130　答え　1

男：あれ？　あの二人、けんかをしているの？

女：1　うん。いつもは仲がいいのにね。

　　2　大丈夫。すぐに直すよ。

　　3　そうだね。とても幸せそうだね。

4　♪ N4-131　答え　1

女：この本、私の好きな本なんだ。

男：1　僕も読んだことがあるよ。

　　2　へえ、読んでみてよ。

　　3　僕が読んであげようか。

5　♪ N4-132　答え　3

男：あれ？　どうしてまだ着替えていないんですか。

女：1　待ちますから、早く着替えてくださいよ。

　　2　えっ、もう変えておきましたよ。

　　3　すみません、今起きたばかりで……。

6　♪ N4-133　答え　2

女：やっぱり、雨が降りましたね。

男：1　はい、降るとは思っていませんでした。

　　2　はい、思ったとおりでしたね。

　　3　はい、全然降りませんね。

7　♪ N4-134　答え　2

男：今日は彼女とデートなんだ。

女：1　おいしくできるといいね。

　　2　へえ、どこに行くの?

　　3　早く元気になってね。

8　♪ N4-135　答え　1

女：誘っていただいてうれしいのですが、今回は遠慮させていただきます。

男：1　そうですか、残念です。

　　2　そうですか、お待ちしていますね。

　　3　そうですか、楽しんできてくださいね。

第9週　5日目

1　♪ N4-136　答え　3

友だちに傘を借りたいです。何と言いますか。

女：1　傘を貸してもいいですか。

　　2　傘を借りてもらってもいいですか。

　　3　傘を貸してくれませんか。

2　♪ N4-137　答え　2

先生が何と言ったかわかりませんでした。もう一度聞きたいです。先生に何と言いますか。

男：1　すみません、静かにしてください。

　　2　すみません、もう一度お願いします。

　　3　すみません、よく聞いてください。

3　♪ N4-138　答え　1

友だちがすてきなくつをはいています。買った店が知りたいです。何と言いますか。

男：1　それはどこで売っていますか。

　　2　それをどこで売りますか。

　　3　どの店に買いに行くんですか。

4　♪ N4-139　答え　2

コップが汚いです。きれいなコップがほしいです。店の人に何と言いますか。

女：1　あのー、ちょっと汚しているようなんですが。

2 これ、汚れているので、変えていただけ
ませんか。

3 特に汚いとは思いませんけど。

---

5 🎵 N4-140　答え　3

友だちにパソコンの使い方を教えてほしいです。何
と言いますか。

女：1 わからないなら聞けばいいよ。

2 こことここを押せばできるよ。

3 ここ、どうすればいい？

| 即時応答 Quick response | p.162 |

1 🎵 N4-141　答え　1

男：大学の試験はどうでしたか。

女：1 それほど難しくなかったです。

2 がんばっていましたよ。

3 なるべく受けるようにします。

---

2 🎵 N4-142　答え　2

男：もしもし、マリアさん。今から遊びに行って
もいいですか。

女：1 すみません。用事があって、行けません。

2 すみません。出かけるところなんです。

3 すみません。遊ばないでください。

---

3 🎵 N4-143　答え　2

男：駅前に何ができるんですか。

女：1 有名な歌手が来ているんですよ。

2 大きいデパートですよ。

3 便利になりますね。

---

4 🎵 N4-144　答え　3

女：今日のテスト、ちっともわからなかったよ。

男：1 いいな。僕は全然わからなかったよ。

2 え？テストがなくなったの？

3 じゃ、次はがんばらなければならないね。

---

5 🎵 N4-145　答え　3

女：大学を卒業したら、何をしますか。

男：1 早く卒業したいです。

2 特に経済を勉強しました。

3 父の会社で働くつもりです。

---

6 🎵 N4-146　答え　2

男：先生のクラスの学生はみんなまじめですね。

女：1 ええ、誰も合格しませんでした。

2 ええ、本当によく勉強しています。

3 ええ、時々叱っています。

---

7 🎵 N4-147　答え　1

男：鈴木さん、この荷物を運ぶのを手伝ってくだ
さいませんか。

女：1 はい、どこに運びますか。

2 はい、誰が手伝いますか。

3 いいえ、何もくださいませんでしたよ。

---

8 🎵 N4-148　答え　2

女：昨日、先輩がごちそうしてくれました。

男：1 へえ、いくら払わせられたんですか。

2 へえ、何を食べたんですか。

3 へえ、喜んでくれましたか。